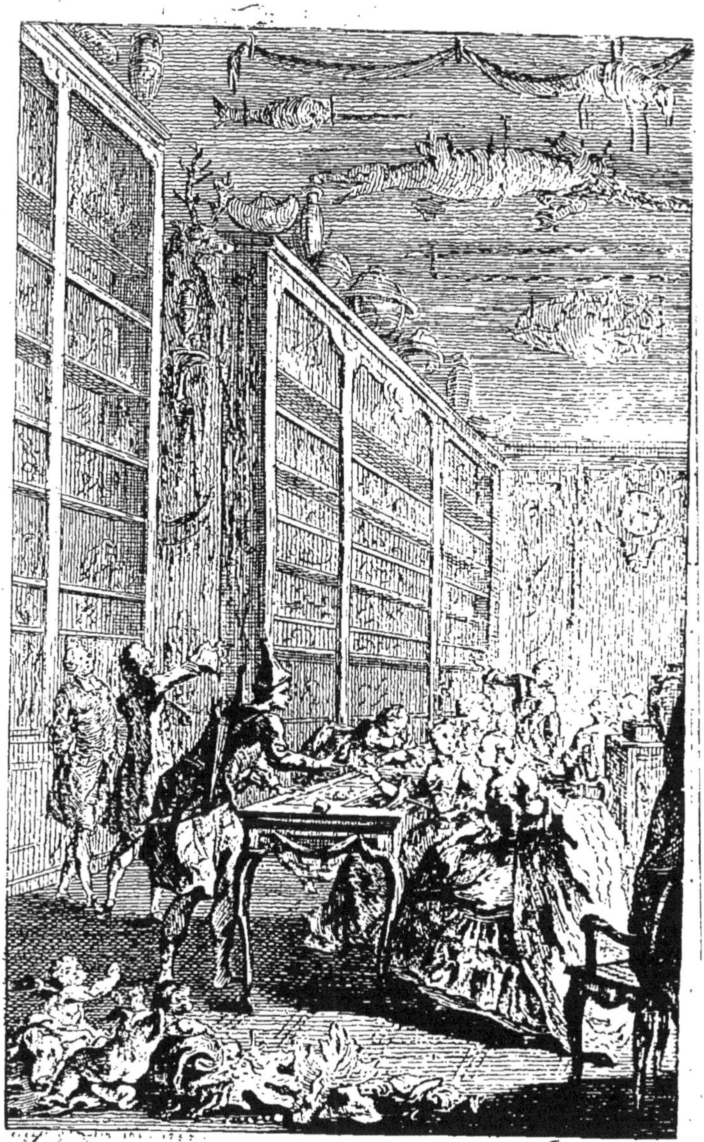

CATALOGUE RAISONNÉ,

D'UNE

COLLECTION CONSIDERABLE

DE COQUILLES

RARES ET CHOISIES,

DU CABINET DE M. LE ***.

marquis de Bonac

Par les Sieurs HELLE & REMY.

A PARIS,

Chez DIDOT, Quai des Augustins, à la Bible d'Or.

M. DCC. LVII.

Avec Approbation & Permission.

AVERTISSEMENT.

TOUT le monde connoît l'agrément de l'Hiſtoire naturelle : la vue d'une Collection de Coquilles charme ceux mêmes qui ne ſont point attachés à cette partie de curioſité : les formes ſingulieres, la variété & la beauté des couleurs, attachent les plus indifférens. Il ſeroit inutile de s'étendre en éloges : cette matiere a été pluſieurs fois & ſavamment traitée, mais nous ne pouvons nous diſpenſer de donner à la Collection que nous préſentons au Public, les louanges qu'on ne peut lui refuſer. Les plus grands Amateurs de cette partie de l'Hiſtoire naturelle, conviendront que cette Collection eſt une des plus nombreuſes & des plus riches qui aient paru en France,

La plus grande partie formoit le Cabinet d'une perſonne d'un grand nom ; le rang diſtingué qu'elle occupoit dans un Païs où ſe trouvent les plus beaux Cabinets dans ce genre, & où on raſſemble les Coquilles de toutes les Parties du Monde, l'avoit mis à portée de ſatisfaire ſon goût.

Tous ceux qui ont vû ce Cabinet ont été étonnés, non-ſeulement de la prodigieuſe quantité d'eſpeces, de la variété dans chaque eſpece, enfin de la rareté des eſpeces, mais de trouver pluſieurs Coquilles uniques, & inconnues dans les Cabinets de Paris, ſoit pour le volume, ſoit pour la beauté des couleurs, même parceque l'on ne les connoît point ailleurs, & que *Rumphius* & d'autres Auteurs n'en ont point fait mention. En expoſant en vente cette ſuite conſidérable & variée, dont ce Catalogue préſente le détail, on enſeigne aux Commençans la rareté, & même la valeur des Coquilles, par le prix que le Public y met.

Ce dernier avantage est très grand pour ceux qui commencent à former un Cabinet, & ne doit pas être négligé. On acquiert plus de connoissance sur la rareté & le prix des Coquilles dans une Vente, que par la vue des Cabinets. On peut par cette étude apprendre le nom qu'on donne aux Coquilles, s'instruire de sa Classe ou de sa Famille; mais on ne saura jamais bien que telle espece est plus rare & plus chere qu'une autre, chaque Possesseur étant dans l'habitude de vanter ce qui lui appartient, & de juger de la rareté d'un morceau, ou par le prix qu'il lui a coûté, ou par l'idée qu'il s'en est formée.

Nous espérons de contenter les Amateurs dans ce genre, & de faire part aux nouveaux Curieux, des lumieres que plusieurs Voïages en Hollande nous ont fait acquérir; nous joignons à ces idées flatteuses, celle de répandre dans les Cabinets de France des morceaux qui sont de la plus grande rareté, & qui ne se trouvent pas même dans plusieurs beaux Cabinets de Hollande; tels sont la *Scalata*, la *Vice-Amirale* grenue, une *Pourpre* inconnue jusqu'alors, le *Vexillum Arausicanum*, l'*Esplandium*, l'*Amiral d'Orange*, & plusieurs autres.

Nous ne donnons l'épithéte de rare, qu'aux objets qui nous paroissent le mériter, & si quelquefois nous avons donné ce nom à des Pieces qui se trouvent répétées plusieurs fois, nous prions de vouloir bien se rappeller que cette Vente est composée d'une Collection où l'on n'avoit rien négligé, pour ne point laisser échapper les Coquilles les plus rares & les plus cheres, quoique de mêmes especes, pour en faire des pendans (suivant l'usage des Hollandois), & que nous y avons joint une suite de Coquilles d'un beau choix, qu'on nous a envoïées de Hollande.

Nous avons, autant qu'il a été possible, désigné les Coquilles par des noms, sous lesquels on les connoît en France. Nous annonçons celles qui se trouvent gravées dans la Conchyliologie de Monsieur Dargenville *, en marquant la Planche & la Lettre; nous avons aussi cité quelquefois *Rumphius*. Nous avons poussé les soins plus loin; nous faisons remarquer les couleurs & le volume, quand il passe l'ordi-

* Ce Livre est très utile pour l'arrangement d'une Collection de Coquilles; aussi sert-il de modele à tous ceux qui sont curieux de donner un bon ordre à leurs Cabinets; les Hollandois en font un cas infini.

naire. Dans l'arrangement des lots, nous avons mis des pendans, en faisant ensorte qu'ils eussent des différences, ou dans le travail, ou dans la couleur.

Nous nous flattons que le desir d'être utiles aux Curieux, & de nous rendre dignes de leur confiance, nous tiendra lieu de mérite auprès d'eux, & qu'ils voudront bien approuver le petit nombre de nos réflexions.

La Vente de cette Collection commencera le Lundi 21 Novembre 1757, à trois heures de relevée, & sera continuée les jours suivans, sans interruption : elle se fera dans la rue Poupée ; la seconde Porte-Cochere à gauche, en entrant par la rue Haute-Feuille, au second Appartement. Les Curieux qui voudront voir & examiner ce Cabinet, pourront se satisfaire pendant la huitaine qui précédera la Vente ; il faudra seulement qu'ils aient la bonté de faire avertir la veille.

Dans la premiere Vacation on vendra des choſes rares & intéreſſantes. Nous donnons cet avis aux Curieux, pour qu'ils ne ſe mettent point dans le cas de regretter des Coquilles diſtinguées, qui pourroient leur échapper s'ils négligeoient les premiers jours de la Vente.

APPROBATION.

J'AI lu, par ordre de Monseigneur le Chancelier, le *Catalogue Raisonné d'une Collection de Coquilles*, &c. & je n'y ai rien trouvé qui en puisse empêcher l'impression. A Paris, ce 20 Septembre 1757.

COCHIN.

COLLECTION

COLLECTION DE COQUILLES.

1. UN joli Groupe de trois *Huitres Epineuſes* *, dont une blanche ; les deux autres ſont d'une couleur gris de lin varié.

2. Un autre groupe de deux belles *Huitres Epineuſes*, dont une de couleur d'Orange foncé.

3. Une *Huitre Epineuſe*, couleur de lilas, ſa tête eſt blanche & tachetée ; une moitié d'*Huitre Epineuſe*, d'un blanc ſale, s'y trouve attachée.

4. Une autre *Huitre Epineuſe*, fort jolie, d'un gris de lin clair, aïant des Stries blanches & tachetées ; ſur le deſſus de cette Coquille eſt attaché le deſſous d'une petite Feuille.

* Il eſt néceſſaire de faire remarquer que toutes les *Huitres Epineuſes* de cette Collection viennent des Indes Orientales & Occidentales.

5. Une *Huitre Epineuſe*, d'une riche couleur orangée, adhérante à un cailloux; elle eſt d'un beau volume, & de l'eſpece rare.

6. Une très belle *Huitre Epineuſe*, à longue pointe, couleur de pourpre vif en partie; le ſurplus à fond blanc, tacheté de la même couleur.

7. Une *Huitre Epineuſe*, nommée le *Gâteau feuilleté*. (M. Dargenville, Planche 23, Lettre F.) Elle eſt d'un beau blanc, avec des raïons d'un rouge vif; ſes feuilles ſont bien conſervées, ſa tête eſt très belle, & d'une forme ſinguliere. Cette Coquille eſt d'un gros volume, & de l'eſpece rare.

8. Un autre grand *Gâteau feuilleté*, de la même eſpece.

9. Un joli *Gâteau feuilleté*, d'un plus petit volume, d'un beau blanc, raïonné par-deſſus de couleur pourpre; ſa tête eſt charmante, elle eſt de l'eſpece rare.

10. Une grande *Huitre Epineuſe*, attachée à une groſſe branche de *Madrepore*, ſa tête eſt couleur de Maron clair; le ſurplus blanc, tacheté & raïé.

11. Un autre *Gâteau feuilleté*, d'un fort grand volume, & une *Huitre papira-*

cée, fort rare : elle eſt d'un beau violet par-deſſus, le deſſous eſt jaunâtre & d'une forme plate.

12. Une *Huitre Epineuſe*, variée de différentes couleurs, ſes pointes ſont très grandes & blanches, ſa tête eſt prolongée, ce qui lui donne une forme très agréable; elle a ſes bords intérieurs doublés d'un brun orangé.

13. Une *Huitre Epineuſe*, d'un très beau blanc, ſa tête eſt marquée de petits points bruns; cette eſpece eſt des plus rares.

14. Une autre *Huitre Epineuſe*, fond blanc, tacheté de brun clair foncé, & auſſi de pourpre; elle eſt attachée à une partie du Rocher auquel elle tenoit.

15. Une jolie *Huitre Epineuſe*, garnie de pointes de couleurs vives & variées; le fond eſt blanc, tacheté de pourpre; ſa tête, qui eſt d'une belle forme, eſt raïonnée d'un beau couleur de roſe, ce qui ne ſe trouve pas ordinairement.

16. Une jolie petite *Huitre ſaffranée*, bien garnie de toutes ſes pointes; un beau *Buccin*, & deux petits *Lépas*, couleur de roſe : ces quatre Coquilles ſont parfaites.

A ij

17. Une *Huitre Epineuse*, à tête blanche, le surplus couleur de lilas, avec de grandes pointes blanches, & deux Pourpres; celle nommée *la Chausse-trappe* & la *Brûlée:* ces trois Coquilles sont de choix.

18. Deux *Huitres Epineuses*, raïonnées de brun & de blanc, les Epines sont blanches; & une très belle *Crête de Coq* bien conservée, vive en couleur dessus & dedans.

19. Une jolie petite *Huitre*, dont les pointes sont très longues, les couleurs bien vives; & une très belle *Crête de Coq*, bien conservée.

20. Une *Huitre Epineuse*, à fond blanc, raïonnée & tachetée de couleur lilas; elle a de singulier, que dessus il s'y trouve un petit Corail rouge. Deux Pourpres, l'une jaune brun, la tête allongée, avec des feuilles, dont les bouts sont couleur de rose; l'autre est une *Chicorée brûlée.*

21. Deux *Huitres Epineuses*, fond blanc, tacheté de pourpre; & trois *Chicorées* de différentes especes, dont deux brunes.

22. Deux petites Huitres Epineuses, blanches. Une Huitre rouge, nommée la *Corbeille*, & une *Crête de Coq.*

23. Une belle *Crête de Coq*, (M. d'Arg. Pl. 23, L. D.) vive en couleur en dehors, & encore plus en dedans; elle eſt bien conſervée. Une autre eſpece de *Crête de Coq*, quelqu'uns la nomment auſſi la *Feuille*; elle eſt grande, d'une belle couleur, & bien conſervée.

24. Une Huitre, nommée la *Feuille*, parcequ'elle reſſemble exactement à une feuille, & qu'outre cela elle vit attachée aux branches d'arbres qui pendent dans la Mer. On voit encore dans le deſſous de celle-ci, le bois de la branche à laquelle elle tenoit. Une autre *Huitre*, que nous n'avons point encore vue dans aucun Cabinet en France; ſes deux parties ſont papiracées, celle de deſſus eſt d'un beau violet, & un peu convexe; la partie de deſſous eſt plate & jaune, le dedans eſt d'une belle Nacre blanche: ces deux Coquilles ſont rares.

25. Le *Marteau* ou l'*Enclume*, (M. d'Arg. Pl. 22, L. A.) on a donné ces deux noms à cette Coquille à cauſe de ſa forme; elle eſt extrêmement rare. Souvent ſes deux bras, qui ſont moins forts que le reſte de la Coquille, ſont caſſés: on uſe ſes bords, &

on les rajuste, de façon qu'il est difficile de remarquer les accidens qu'elle a essuïés. Celle-ci est dans toute sa perfection, ses bras ont six pouces de long, son corps en a quatre & demi.

26. Un autre *Marteau* : quoiqu'il ne soit pas bien conservé, il peut cependant encore entrer dans un Cabinet.

Une Coquille fort singuliere, & très rare; elle forme une espece d'Equierre, & est de la couleur du Marteau. Quelques-uns prétendent que c'est un Marteau manqué: mais il n'est pas douteux qu'ils se trompent, puisque la charniere du Marteau est bien différente de celle de cette Coquille que l'on nomme la *Cuisse*. Rumphius la distingue très bien, & l'a regardée comme une espece particuliere, en la faisant graver dans son Livre. Pl. 47, L. I.

Ces deux Coquilles seront vendues séparément.

27. La grande *Pelure d'Oignon*, nommée communément la *Selle Polonoise*, sa couleur est belle; son diametre est de cinq pouces sur quatre, ce qui est un très grand volume.

Tout le monde connoît la rareté de cette Coquille : on prétend qu'elle vient des Indes ; & comme elle est fort mince, & d'une assiette difficile, il n'est pas aisé de la trouver bien conservée.

28. Une *Sole*, de cinq pouces, sur quatre pouces neuf lignes. (M. d'Arg. Pl. 27, L. G.) Cette Coquille est fort rare à trouver de ce volume ; elle a outre cela des lignes jaunes qui suivent le contour de la Coquille, & varient le ton de couleur uniforme qu'elle a ordinairement.

29. Une espece de *Pelure d'Oignon*, toute ronde ; elle est bien différente de la Selle Polonoise, quoiqu'elle ait la même charniere, qu'elle soit aussi mince & aussi rare à trouver : celle-ci est plate, & d'un blanc argentin. On prétend que les Chinois s'en servent, au lieu de verre, pour garnir leurs fenêtres ; mais comme cette Coquille est fort fragile, on en apporte très peu en Europe. On a joint à cette Coquille une jolie *Sole*.

30. La même *Pelure d'Oignon* que celle du N°. précédent, & de même grandeur, aussi avec une jolie *Sole*.

31. Une *Sole* & une autre Coquille, que quelques-uns regardent comme un *Marteau manqué*, parceque sa cou-

leur & ſa Nacre reſſemblent beaucoup à celle du Marteau ; cependant ſa charniere eſt différente, & Rumphius la diſtingue : cette derniere Coquille n'a pas toute la condition requiſe.

32. Une belle *Sole*, bien conſervée, dont les extrémités ſont couleur de roſe foncée ; elle eſt raïonnée de brun. Et un *Peigne* ou *Manteau Ducal*, (M. d'Arg. Pl. 27, L. I.) vif en couleur en dehors & en dedans ; il eſt d'un très grand volume pour ſon eſpece.

33. Un très beau *Manteau Ducal*, varié de couleurs, d'une belle conſervation, d'une eſpece peu ordinaire, & un fort beau & grand *Lépas*.

34. Deux autres *Manteaux*, de différentes couleurs, & de même eſpece que celui du N°. précédent.

35. Trois *Peignes*, ſavoir un ſans oreilles, fort rare ; (M. d'Arg. Pl. 27, L. B.) ſes couleurs brunes & violettes ſe détachent ſur ſon fond blanc.

Un Manteau Ducal rouge, & un jonquille, avec des taches pourpres.

36. Trois Coquilles comme celles du N°. ci-deſſus, d'une grande beauté.

37. Quatre Coquilles, qui ſont, un *Manteau Ducal*, une *Rape*, deux *Li-*

mes, dont une blanche, & l'autre brune.

38. Une jolie petite *Huitre Epineuse*, d'une couleur de rose pâle.

Quatre *Peignes* ou Manteaux, dont un grand, d'une singuliere beauté, son fond est gris, & ses raïons mouchetés de blanc, de brun, & de couleur de rose; le dessous est blanc, garni d'une infinité de petites feuilles.

39. Un joli petit Peigne, connu sous le nom de la *Coraline*, quelqu'uns le nomment *Coraloïde*; (M. d'Arg. Pl. 27, L. F.) on lui a donné ce nom à cause de sa couleur, qui doit approcher de celle du Corail; celle-ci est très vive en couleur. Un *Jambonneau papiracé*, d'une forme irréguliere, & un grand *Damier* jaune, de la rare espece; en tout, trois Coquilles rares.

40. Une grande *Coraline:* cette Coquille est estimable, quoiqu'elle ne soit pas si vive en couleur que la précédente, ce qui est ordinaire à cette espece, lorsqu'elles sont d'un grand volume.

41. Une autre grande *Coraline*.

42. Une autre plus petite *Coraline*.

43. Une autre *Coraline*, de même

grandeur que la précédente.

44. Quinze *Peignes* de différentes eſpeces, tous bien conſervés.

45. Une Moule, nommée *Loiſeau:* celle-ci eſt de la grande eſpece, la Nacre eſt d'un bel Orient * en dedans, le deſſus eſt de couleur d'olive, traverſée de lignes griſes, comme la Pintade; cette Coquille eſt rare.

46. La même Coquille, d'une eſpece plus petite; ſa queue eſt beaucoup plus prolongée que celle de la précédente, la Nacre en dedans eſt d'un blanc d'argent, le deſſus canelle, traverſée de lignes brunes.

47. Trois beaux Peignes, d'eſpeces différentes; celui qu'on nomme *Manteau de la Chine*, (M. d'Arg. Pl. 27, L. D.) eſt fond blanc, avec des taches d'un brun clair.

Un autre, fond blanc, avec des mouches rougeâtres.

Un autre Peigne, tout blanc & tuilé, nommé *la Rape*. (M. d'Arg. Pl. 27, L. E.)

48. Trois *Peignes*, pareils à ceux du N°. précédent.

49. Quatre Peignes, ſavoir deux *Man-*

* On appelle Orient, dans les Coquilles, les couleurs que rend l'opale.

teaux de la Chine, à-peu-près de même grandeur, & d'un travail différent.

Deux petits *Manteaux*, dont un très mince, brun & peu commun.

50. Cinq *Peignes*, un Jonquille, un Aurore, un Ducal, fond pourpre, tacheté de blanc; un autre de brun & blanc, & de même grandeur, & une petite Rape.

51. Neuf *Peignes*, de différentes especes, tous bien conservés.

52. Trois Coquilles, qui sont;

Une petite *Pintade*, avec des raïons gris & bruns.

Deux belles Pourpres, l'une la *Chicorée brulée*, & l'autre la *Patte de Crapeau*. (M. d'Arg. Pl. 19, L. D.) Cette Coquille est rare.

53. Une *Pintade* dépouillée; le dedans & le dehors de cette Coquille rendent une belle Nacre; elle est d'un beau poli & peu commune.

Une moitié de Coquille, de la même espece, au fond de laquelle est une Perle qui se détache. C'est cette Coquille qui nous donne les Perles. Elle devient communément d'un très grand volume; mais alors elle est toute piquée de vers en dehors: on lui donne le nom de *Mere Perle.*

Un *Jambonneau papiracé*, & une *Pourpre*, fond blanc, avec des feuilles noires.

54. Deux *Pattes de Crapeaux*, de même grandeur, l'une des deux d'une construction singuliere par l'arrangement de ses Pattes, & un petit *Jambonneau papiracé.*

55. Deux *Jambonneaux Epineux*; deux *Moules*, dont une belle; un *Manche de Couteau*, & deux *Foudres.*

56. Six Coquilles. *Idem.*

57. Deux Moules, nommées *Pines Marines*, ou *Jambonneaux*, l'un épineux, l'autre sans épines. Un *Neautile chambré.* Une espece de Tonne, nommée *Tasse de Neptune.* Ces quatre Coquilles sont grosses.

58. Quatre autres pieces aussi très grosses, qui sont une *Etoile de Mer*, un *Jambonneau* non épineux; un *Casque* de la Mer Rouge, qu'on appelle *le Turban. La Tasse de Neptune*, espece de Tonne. Ces quatre Coquilles sont bien conservées.

59. Un petit *Jambonneau papiracé*, d'une forme irréguliere, & de l'espece rare. Un grand *Neautile papiracé* & la *Tasse de Neptune.*

60. La *Scalata* (Conchyliologie pl. 14. L. V.) Rumphius l'appelle Scalare ; il la met, ainsi que M. Dargenville, au nombre des Vis ; en effet, cette Coquille en a tous les caracteres; d'autres cependant prétendent qu'il faut la mettre au rang des Tubulaires. Quoi qu'il en soit, elle est sans contredit la premiere des Vis ou des Tubulaires, si l'on considere la régularité de sa structure, qui est tout-à-fait différente de celle des autres Coquilles, & encore plus si l'on a égard à sa rareté. Les Hollandois la nomment *Wenteltrap*, c'est-à-dire, l'*Escalier*. On prétend qu'elle vient de la Chine, où on la trouve difficilement. Les Dames des Indes la croient digne d'enrichir leurs parures, & voilà pourquoi il s'en trouve peu qui ne soient percées. Ce qu'il y a de certain c'est que cette Coquille est de la plus grande rareté à trouver sans accident. Celle-ci est parfaite, d'un beau blanc & de la plus grande conservation. Conchyl. p. 275. Bonany, *recreat. mentis & oculi*, pag. 126, prétend que la rareté de cette espece n'est que dans la grandeur, & qu'elle se trouve facilement en petit dans le Golfe Adria- 16

tique. Il y a toute apparence qu'il confond cette Coquille avec la fausse Scalata que l'on trouve communément, non-seulement dans le Golfe Adriatique, mais encore dans toutes les Mers, qui est toujours petite en comparaison de la Scalata, & dont la structure est bien différente. Nous ne connoissons que deux Scalata à Paris, dont une chez M. le Duc de Chaulnes, l'autre chez M. Dargenville.

61. Trois *Vis* du genre des chenilles, de deux especes différentes ; l'une a trois pouces de longueur; les deux autres en pendant. Ces trois Coquilles sont toutes blanches & peu communes.

62. Trois autres *Vis* de même que les précédentes.

63. Quatre *Vis*, dont une du genre des chenilles, peu communes.

64. Cinq *Vis*, dont une grande de cinq pouces, séparée dans la longueur de ses spires, pour en faire remarquer l'intérieur.

65. Quatre belle *Vis* très bien conservées, de deux especes différentes en pendant, deux à deux, & chacune de quatre pouces & demi, volume considérable pour cette espece ; deux

sont celles marquées dans la Conchyliologie, pl. 14. L. X.

66. Trois autres Coquilles, aussi du nombre des Vis, deux en pendant, de près de quatre pouces (pl. 14. L. E.) & une *Chenille* marbrée, vive en couleur. 5 19

67. Trois *Vis* d'une grande beauté; celle marquée dans M. Dargenville (pl. 14. L. P.) mais dont les trois lignes de jaune sont très bien distinguées; les deux autres sont très remarquables par les trois cordons bruns qui regnent tout le long de leurs spires jusqu'au sommet; cette espece est rare par elle-même, & par conséquent encore plus à trouver belle. 30 2

68. Deux fort belles *Vis* bien conservées, & une *autre* du genre des Chenilles, la même que les deux dernieres du N° 67, avec ses cordons. 5 6

69. Six *Vis* d'especes différentes. 9 15

70. Trois *Vis* d'une grande beauté & d'une conservation parfaite, chacune de quatre pouces. 10 1

71. Cinq *Vis*, dont trois de plus de trois pouces & demi, très bien conservées. 20 5

72. Dix *Vis*, dont deux grandes & huit jolies petites. 25

73. Trois grandes *Vis* ; ſavoir, celle qu'on appelle Vis de Preſſoir, de cinq pouces. Deux autres à fond jaune claire, avec de belles taches brunes.

74. Quatre autres *Vis* de trois eſpeces différentes, & toutes de même grandeur.

75. Neuf *Vis* différentes.

76. Dix *Vis*, dont ſix de même grandeur.

77. Pluſieurs Coquilles de choix.

78. Onze autres *Vis*, chacune à-peu-près de quatre pouces, & de quatre eſpeces différentes.

79. Dix autres *Vis*, moïennes, de même grandeur & d'eſpeces différentes.

80. Trente-cinq petites *Vis* fort jolies, à-peu-près de même grandeur, & de différentes eſpeces.

81. Soixante-quatre *Vis* & *Chenilles* de différentes eſpeces.

82. Treize jolies Coquilles, entre leſquelles ſont pluſieurs *Buccins*, d'une belle robbe & peu communs.

83. Huit *Buccins* (M. d'Arg. Conch. pl. L.) de quatre eſpeces différentes, faiſant pendant deux à deux.

84. Quinze Coquilles de différentes eſpeces.

Deux

85. Deux jolis petits *Euseaux* avec leurs têtes & leurs queuës, très bien conservés, & quatre jolies *Vis* peu communes, aussi bien conservées.

86. Neuf *Buccins*, presque tous variés par l'espece & par leurs couleurs.

87. Six *Buccins*, du genre de ceux marqués No 83; le travail, la vivacité des couleurs, & la finesse du dessein qui se trouvent sur ces six Coquilles sont admirables; elles sont toutes à-peu-près d'égale grandeur.

88. Dix *Buccins* très beaux, les uns orangers, d'autres citrons, & quelques-uns bruns, avec différentes bandes. Ils sont presque tous d'especes différentes. Il y a dans ce nombre une petite Coquille, nommée la *Mitre*.

89. Vingt-trois Coquilles, dont le plus grand nombre est du genre des *Vis*; il y en a d'assez grandes & de bien conservées.

90. Six *Buccins*, de quatre especes différentes. Ils sont d'une grande vivacité de couleur; les uns avec des fonds jaunes & des lignes blanches, d'autres des lignes brunes, sur un fond orangé; un d'un rouge foncé avec une ligne jaune.

91. Huit *Buccins*, de quatre especes

différentes, & faiſant pendant deux à deux. (M. d'Arg. Conch. pl. L.).

92. Deux petites *Tours de Babel* & trois petits *Buccins*.

93. 2 *Buccins*, eſpece de Fuſeau, nommés *Tours* de *Babel*; ils ſont bien pendants & d'une belle conſervation.

94. Deux. *Idem*.

95. Deux *Buccins*, auſſi eſpece de Fuſeau, nommés *Tours* de *Babel*. (M. d'Arg. pl. 12. L. M.) Ils ſont parfaitement pendants, & chacun a trois pouces trois lignes. Ces deux Coquilles & celle des deux Numeros ci-deſſus ſont d'une conſervation parfaite. Le fond eſt d'un beau blanc, les taches d'un beau noir & régulierement eſpacées dans tout le contour de la Coquille. Elle n'eſt pas facile à trouver, & elle eſt très rarement bien conſervée vive en couleur & de ce volume. Ceux qui commencent à former des Cabinets pourroient prendre une petite ouverture, qui ſe trouve à la bouche de cette Coquille, pour une caſſure, c'eſt au contraire, un caractere propre & diſtinctif aux différentes eſpeces de Tour de Babel. Il y a dans cette Collection pluſieurs Tours de Babel de ces différentes eſpeces, qui

sont difficiles à rassembler.

96. Un *Fuseau*, (M. d'Arg. pl. 12. Let. B.) de près de sept pouces & demi, très bien conservé jusqu'à sa petite pointe, qui est jaune, ainsi que sa queue & sa bouche; elle a ses dents. Une *Vis* qui a sa petite pointe, ce qui se trouve rarement.

97. Le même *Fuseau*, de plus de sept pouces, & la même *Vis* aussi parfaite.

98. Un même *Fuseau*, de sept pouces, & la *Mître*.

99. Le même *Fuseau*, de sept pouces; & un petit *Fuseau Carré* (M. d'Arg. pl. 13. L. A.; celui-ci est beaucoup plus difficile à trouver que les précédents; il est presque aussi rare que le Fuseau à dent.

100. Deux. *Idem*.

101. Une espece de Chenille, de quatre pouces trois lignes, fort rare, & une Chenille (M. d'Arg. pl. 14. L. H.).

102. Deux Coquilles. *Idem*.

103. Deux *Idem*.

104. La *Vis* nommée le *Telescope* (M. d'Arg. pl. 14. L. B.) de près de trois pouces, & une *Chenille*.

105. Un *Fuseau blanc*, de la plus grande espece, different de celui qui est marqué dans M. d'Arg. pl. 12. L. B. Il a

neuf pouces & demi de longueur, ſa bouche eſt bien conſervée, ce qui eſt rare. Une groſſe *Cordeliere.*

106. Un *Fuſeau*, comme le précédent & de même longueur, auſſi bien conſervé; & un beau *Buccin.*

107. Un autre *Fuſeau* fort épais, de ſept pouces de long; il eſt d'un beau blanc. Un beau *Buccin.*

108. Deux *Fuſeaux* blancs, de ſix pouces chacun; ces deux Coquilles ont leur petite pointe & leur bouche de la plus grande conſervation.

109. Quatre Coquilles, ſavoir un gros *Limas*, peu commun, dont la robbe reſſemble à la peau d'un ſerpent, par ſes raïures d'un brun jaune ſur un fond blanc. Trois gros *Buccins*, dont une groſſe *Cordeliere.*

110. Un gros *Limas*, deux groſſes *Cordelieres*, de différentes eſpeces; un gros *Buccin.*

111. Deux très belles *Oreilles de Midas.* (M. d'Arg. pl. 13. L. G.) chacune de près de quatre pouces. L'on a mis ces deux Coquilles enſemble, parceque l'une eſt dépouillée & polie, l'autre a encore ſa peau. La différence de ces deux Oreilles doit plaire aux Curieux, en faiſant voir la nature dans ſa pure-

té, & la beauté que peut recevoir une Coquille, lorsque l'on y a ajouté l'Art ; elles sont bien conservées. L'espece est peu commune.

112. Une *Oreille de Midas*, dépouillée & polie, de quatre pouces ; elle est d'une très belle couleur de chair, & ressemble à une Agathe ; & un Limaçon nommé la *Fausse Oreille*, aussi de quatre pouces ; sa bouche est très vive en couleur.

113. La *Fausse Oreille de Midas*, sa bouche est vive. Un *Buccin* peu commun, avec un gland de Mer dessus & une *Mitre*.

114. Une *Amirale à deux Bandes*. On appelle cette Coquille Amirale à deux bandes, parceque sur le cordon jaune du milieu, elle a deux lignes ou bandes formées de petits carrés blancs & jaunes, bruns ; au lieu que l'Amirale ordinaire n'en a qu'une. Cette différence qui est très singuliere, & qui se trouve très rarement, rend cette Coquille précieuse. Nous en avons vu une à Paris qui appartenoit à M. l'Abbé de Fleury, & à sa vente nous avons entendu dire aux Curieux qu'elle étoit la seule en France. Cette Coquille est d'une grande conservation

& d'une belle couleur.

115. Une *Amirale à deux bandes*, & un petit Rouleau, appellé *le Damier jaune*, de la rare espece, d'une finesse de travail admirable, coupé de deux bandes brunes ; il est de toute rareté avec ses deux bandes.

116. Une très belle *Amirale*, d'une grande conservation & d'un volume qui surpasse de beaucoup l'ordinaire. (M. d'Arg. pl. 15. L. N.) Tout le monde connoît le mérite de cette Coquille ; on la regarde dans les Cabinets, comme une des plus rares & des plus agréables. En effet, on la trouve difficilement, & la finesse de son travail charme même ceux qui ne sont pas amateurs de Coquilles. Le goût décidé que le possesseur de ce Cabinet avoit pour les choses belles & rares, lui avoit fait ramasser plusieurs Coquilles de cette espece, toutes cependant avec des différences, soit pour le travail, soit pour la couleur.

117. Une *Amirale*, d'une belle couleur foncée, & d'un dessein très fin, les cordons sont bien détachés, surtout le jaune ; elle est bien conservée.

118. Une autre *Amirale*, parfaite dans

son espece ; rien ne manque à sa conservation ; sa tête & sa bouche sont de la plus grande fraîcheur ; sa couleur est d'un beau maron, traversée de petits chapelets blancs & d'un brun plus foncé qui se détache du maron ; ses trois cordons sont d'un très beau jaune, sans aucunes taches blanches, ce qui est très rare.

119. La même Coquille très bien conservée, elle est de même grosseur que la précédente & aussi belle ; sa Couleur est moins foncée, & par-là elle fait une variété avec l'autre. Son volume est gros, aussi-bien que celui de la précédente.

120. Une autre *Amirale* ; elle est d'un très beau dessein.

121. Une belle *Amirale*, qui a le double cordon jaune par la tête. C'est un mérite qui n'est pas commun à cette Coquille.

122. Une petite *Amirale* & une autre Coquille nommée par Rumphius, *Vice-Amirale* (pl. 34. L. F.) ; elle est d'un joli dessein noir, sur un fond blanc ; elle a une ligne formée de points noirs ; il y a trois ans au plus que cette Coquille est connue en France, elle n'est pas commune.

123. Deux Coquilles. *Idem.*

124. Deux. *Idem.*

125. L'*Amirale* d'*Orange*, (Rumphius pl. 34. L. A.) (*Oranjen Admiraal*) Cette Coquille eſt de la plus grande rareté. Elle manque même dans beaucoup de beaux Cabinets en Hollande; nous n'en connoiſſons qu'une en France, qui eſt dans la belle Collection de M. d'Argenville, & qui nous fut adreſſée pour la lui remettre.

126. Deux Coquilles précieuſes & fort rares que nous avons miſes ſous le même N°, parcequ'elles portent toutes deux le même nom; mais avec une variété bien grande: l'une eſt la *Vice-Amirale*; l'autre eſt auſſi une *Vice Amirale*, mais elle eſt *grenue*, c'eſt-à-dire, qu'elle eſt couverte depuis ſa tête juſqu'en bas de petites lignes, placées à diſtances égales, & ces petites lignes ſont formées par une infinité de petites pointes élevées, qui prennent la couleur du fond ſur lequel elles ſont placées, ce qui fait un petit grenu rangé régulierement ſur la Coquille; toutes deux ſont d'une belle conſervation & d'une belle couleur.

127. La *Vice Amirale* (M. d'Arg. pl.

15. L. H.) dans la dénomination que nous donnons à cette Coquille, nous suivons M. d'Argenville. Nous ne faisons cette remarque, que pour empêcher ceux qui ne connoissent que Rumphius, de faire quelques équivoques; car ce dernier Auteur donne le nom de Vice-Amiral à une autre Coquille que l'on trouve dans les Nos précédens. Cette Coquille est d'un volume si prodigieux, que nous n'en connoissons point d'aussi grande à Paris. Elle est sans contredit beaucoup plus rare que l'Amirale, aussi manque-t-elle dans bien des Cabinets.

128. Une très jolie petite *Aile de Papillon*, dont le dessein est différent de celui des deux ci-après, puisque tous ses points noirs sont rangés sur un cordon d'égale largeur; c'est ce qu'on appelle en Hollande l'*Aîle de Papillon de Guinée*; elle est fort rare.

Une *Vice-Amirale* de Rumphius.

129. Une très belle *Aile de Papillon* (M. d'Arg. pl. 15. L. V.); elle est d'un beau volume, d'un dessein très régulier, sans aucune excroissance, d'une conservation entiere. Toutes ces qualités doivent donner beaucoup de mérite à cette Coquille, qui est des

plus rares à trouver avec ſes perfections.

130. Une autre *Aile* de *Papillon*, d'une régularité de deſſein au moins auſſi parfaite que la précédente ; toutes ſont de la même groſſeur.

131. Un très beau Cornet, que l'on nomme *Pelote* ou *Tinne de Beurre*. Cette Coquille eſt rare par ſon volume, la beauté de ſon émail, la vivacité de ſes couleurs & ſa grande conſervation. Elle a quatre pouces trois lignes : ſa couleur eſt d'un beau jaune, coupé de pluſieurs Cordons blancs ſur leſquels ſont des mouches noires.

132. La même Coquille que celle ci-deſſus: celle-ci a trois lignes de moins; mais la couleur du fond eſt d'un jaune plus marqué, & le travail de ſes lignes eſt bien plus fin, ſur-tout ſur le bas, & c'eſt préciſément l'endroit où il manque ordinairement : ſa tête eſt parfaite.

133. *Idem.*

134. *Idem.*

135. Deux *Pelottes* ou *Tinnes de Beurre* d'un volume moins grand que celles des Nos. précédens. Elles ſont deux pendants : toutes deux ſont bien conſervées.

136. Une espece de *Tonne*, fond blanc, marquée depuis le bas jusqu'au haut de bandes d'une belle couleur d'orange & qui roulent sur la Coquille ; elle est de toute rareté. Rumphius l'a fait graver dans son Livre pl. XXXVII. No. 2. Il l'appelle *Vexillum Arausicanum*. Ce nom, que nous n'avons point entendu nommer en France, nous fait croire qu'elle ne se trouve dans aucun Cabinet. Une Coquille d'un joli travail & de toute rareté; en Hollande on la nomme *Lesplandium*.

137. & 138. Les mêmes Coquilles que celles du No. précédent.

139. Quatre Coquilles ; savoir, deux *Vis*, nommées *Alaines* (M. d'Arg. pl. 14. L. A.) d'une moïenne grandeur, mais d'une grande conservation & très vives en couleur : & deux *Draps d'or*, d'un dessein parfait.

140. Deux *Draps d'or*, d'un beau volume & d'égale grandeur ; le dessein est différent, en ce que l'un a une ligne ou un cordon qui traverse le ruban qui est au milieu de sa Coquille.

141. Quatre Coquilles, qui sont deux gros *Rouleaux*, dont un *Drap d'or*. (M. d'Arg. pl. 16. L. I.) & une autre nommée le *Brocard de Soie* (d'Arg.

Pl. 16, L. A.) ce nom lui a ſans doute été donné à cauſe de ſa bigarrure. Deux belles & grandes *Cames* ou *Moules*, de même longueur; l'une eſt toute blanche avec un cordon citron vers la tête de la Coquille, & qui en ſuit le contour; ce cordon a la tranſparence d'une *Sardoine*; l'autre a des raïons blancs & jaunes, qui partent de la tête & vont ſe rendre ſur les bords. Ces deux Coquilles ſe trouvent très difficilement de cette grandeur & de cette beauté. (M. d'Argenville, Pl. 25. L. A.)

142. Un Rouleau, nommé le *Brocard de Soie*. Deux Cornets nommés *Tigres*, l'un à bandes jaunes, & l'autre ſans bandes; ces trois Coquilles ſont bien conſervées, d'un volume aſſez grand; & une belle *Moule*.

143. Deux beaux & grands *Cornets* de même grandeur; le premier eſt tout blanc à l'exception de ſa pointe qui eſt violette. On lui donne le nom de *Cierge* ou d'*Onix*. Le ſecond eſt un grand *Tigre* à taches ſerrées.

144. Un *Cierge* & un *Rouleau* nommé la *Brunette*. (M. d'Arg. Pl. 16. L. G.) Ces deux Coquilles ſont parfaites.

145. Trois Coquilles, qui ſont, une

grande *Brunette*, un *Taffetas*, un *Tigré* à bandes jaunes ; elles ſont bien conſervées.

146. Une *Brunette*, un *Taffetas* ou *Brocard*, & un *Damier*. (M. d'Arg. Pl. 15. L. O.) Ces trois Coquilles ſont bien conſervées & le *Damier* a une belle tête, ce qui n'eſt pas commun à cette Coquille.

147. Deux *Tigres* à bandes jaunes, de pareille grandeur, & tous deux avec de belles têtes.

148. Deux autres *Tigres* ſans bandes jaunes, tous deux d'un grand volume, d'égale grandeur, mais avec des taches différentes.

149. Un *Damier* & deux *Brunettes*, de deux couleurs différentes, & de même groſſeur.

150. Cinq Coquilles ; ſavoir, deux *Cierges* ou *Onix*, l'un jaune & l'autre d'un bleu blanc, tous deux marqués de violet au bout : un *Drap d'or* ; une *Brunette* & un *Taffetas*.

151. Deux *Damiers*, un jaune & l'autre noir, preſque de même groſſeur. Deux *Tigres*, dont les trois bandes jaunes ſont très bien détachées. Ces quatre Coquilles ſont parfaites.

152. Un *Tigre* à bandes jaunes; un *Cier-*

ge ou *Onix*, un *Spectre* (M. d'Arg. Pl. 15. L. C.) Cette Coquille est parfaite ; ses taches sont d'un beau noir sur un fond blanc jusques sur le petit bout de sa tête ; un *Drap d'or* de la rare espece.

153. Quatre Coquilles ; un *Cierge* ou *Onix* ; un *Tigre* à bandes jaunes ; un *Spectre*, & un beau *Drap d'or*.

154. Un beau *Damier*, d'un dessein irrégulier, & sur lequel il y a deux bandes noires ; un *Rouleau* tout brun ; deux *Cornets* jaunes ; l'un avec une Zone blanche, & l'autre avec plusieurs cordons bruns.

155. Deux *Tellines* ou *Moules*, de même grandeur & de même espece ; mais d'un travail différent : l'une à fond jaune avec des raïons rouges, l'autre à fond blanc aussi avec des raïons rougeâtres. Trois *Cornets*, une *Brunette*, d'un travail fin ; les deux autres sont de même grandeur, & de différentes especes, toutes deux peu communes.

156. Cinq Coquilles, de même que celles du No. précédent.

157. Deux belles *Tellines*, d'espece différentes, à fond blanc, avec des raïons couleur de rose ; un beau *Cornet*,

nommé *Chiure de Mouche;* (M. d'Arg. Pl. L. F.) une *Minime* & un autre *Cornet* peu commun ; ces cinq Coquilles sont parfaites.

158. Cinq Coquilles, une *Minime*, une belle *Chiure de Mouche* doublée de rouge, un *Cornet* peu commun, deux *Tellines*, toutes deux à fond blanc, l'une avec des raïons couleur de rose, & l'autre avec des raïons d'un beau violet.

159. Cinq belles Coquilles bien conservées, & à peu près de même grandeur, deux *Minimes*, l'une brune & l'autre jaune ; une *Chiure de Mouche*. Ceux qui ne sont pas avancés dans la connoissance des Coquilles ne remarquent point de différence entre le Drap d'Argent & la Chiure de Mouche ; elle est cependant sensible quand on compare ces deux especes. Les points de la Chiure de Mouche sont beaucoup plus gros que ceux du Drap d'argent ; ils sont rangés différemment, d'ailleurs la tête est différente. La Chiure de Mouche a sa tête unie, & le Drap d'argent a de petites élévations qui forment une Couronne à-peu-près comme celle de la Couronne Im-

périale ; un *Drap d'argent* & un *Drap d'or.*

160. Quatre *Cornets* ; deux jaunes avec un cordon blanc, & deux blancs avec de gros points noirs ; trois *Tellines* avec des queues prolongées ; une petite *Moule coupée*, raïonnée de blanc & de brun, en tout ſept Coquilles.

161. Trois Rouleaux, qui ſont, un *Drap d'or*, un *Drap d'argent*, une *Chiure de Mouche* & deux *Tellines* à points allongés, une jaune & une rouge ; ces cinq Coquilles ſont fort belles.

162. Une *Brunette*, trois Cornets, dont un, nommé le *Navet*, & deux *Tellines*, une rouge & une violette, peu commune.

163. Un *Drap d'or*, un *Drap d'argent*, une *Chiure de Mouche* ; un autre *Cornet* brun ; deux *Moules*, dont une coupée, raïonnée de blanc & de brun.

164. Six Coquilles, deux *Rouleaux* bruns, un *Drap d'or*, un *Drap d'argent*, une *Chiure de Mouche* & le Cornet nommé *Navet*.

165. Un *Drap d'or*, un *Drap d'argent*, deux autres beaux *Rouleaux*, deux *Tellines* à queue prolongée, l'une jau-

ne, & l'autre raïonnée; ces six Coquilles sont bien conservées.

166. Deux *Moules*, l'une violette & l'autre jaune, avec des raïons rouges; & cinq *Cornets*, dont un couleur de rose avec une bande blanche & cannelée depuis le haut jusqu'en bas.

167. Trois beaux *Cornets* peu communs, & deux *Moules* raïonnées de rouge, l'une à fond gris, l'autre à fond jaune.

168. Quatre jolis *Cornets* & deux *Moules*, l'une couleur de rose, l'autre jaune.

169. Deux *Cornets*, un petit & un moïen; deux *Peignes*, dont un citron, de nos Côtes, mais joli; deux *Moules* violettes, & deux petites *Cames*, dont une d'un fort joli dessein: en tout huit Coquilles.

170. Trois *Cames* d'especes différentes, dix *Cornets*, dont une *Brunette*, un *Drap d'or*, &c. en tout treize Coquilles.

171. Douze Coquilles, deux *Hermines* ou *Aumuces*, deux *Hébraïques*; (M. d'Arg. pl. 15. L. 6.) un *Drap d'or* de la Chine, poli; six *Cames* ou *Tellines* de différentes especes, & fort jolies.

172. Quatre belles *Tellines*, trois raïonnées & rouges ; une blanche ; deux *Damiers* de même grosseur, & deux *Hébraïques* de même.

173. Six belles *Tellines*, une jaune, une blanche, trois rouges, dont une à queue allongée, une violette ; & un *Drap d'or* de la Chine.

174. Deux *Tellines* violettes, deux *Draps d'or* de la Chine de même grandeur, d'un dessein parfait & vif en couleur ; un *Drap d'or*, de l'espece la moins commune, & une espece de *Damier*.

175. Neuf Coquilles de moïenne grandeur, très bien conservées & vives en couleur, un *Drap d'or* de l'espece peu commune ; deux *Damiers*, dont un grenu ; deux *Ecorchées* ; trois *Moules*, dont deux couleur de rose, & une violette ; une *Came* blanche.

176. Quatre *Moules*, trois rouges & une jaune ; deux *Brunettes* polies, & d'un joli dessein ; une *espece de Damier*, & une *Ecorchée*.

177. Une *Brunette* ; un *Drap d'or* de la Chine ; un *Damier* à bandes noires ; une *Ecorchée* jaune, & six *Moules*.

178. Cinq beaux Cornets ; savoir, quatre *Damiers*, tous quatre de même grandeur, mais d'especes différentes ;

un entr'autres est d'un dessein très singulier : un autre *Cornet*, à fond blanc, avec des taches noires, marquées regulierement & par cordons.

179. Quatre grands *Damiers*, d'especes différentes, un entr'autres a sa tête peu ordinaire.

180. Cinq grandes Coquilles : deux beaux *Draps d'or* à fascies, tous deux de même grandeur, mais d'une couleur différente, parceque l'un des deux tire sur le violet ; le Cornet, nommé *le Spectre*, & deux belles *Ecorchées*.

181. Sept *Cornets*, dont un nommé *le Navet*, d'un gros volume. (M. d'Arg. Pl. 15, L. 1.) un autre, à côtes de haut en bas, marqué de belles taches jaunes, sur un fond blanc, coupé outre cela par le milieu & par le bas, de deux larges zones, aussi jaunes ; un autre qu'on nomme *Spéculation* ; & une *Came* blanche : en tout huit Coquilles.

182. Cinq Coquilles, trois *Cornets* différens, un à tête allongée, l'autre plus petit, à tête aplatie. On a réuni ces deux Coquilles pour faire remarquer la différence de leur tête, quoique pareilles pour le dessein. Le troi-

ſieme eſt blanc, avec des nuages jaunes. Une *Came* à *Stries* blanches; une *Moule coupée*, violette.

183. Deux Cornets, nommés *Minimes*, l'un brun, & l'autre canelle clair. (M. d'Arg. Pl. 45, L. A.) Un Cornet, à qui on donne le nom de *Tigre*, à bandes jaunes; une *Came*, d'eſpece rare : ces quatre Coquilles ſont bien conſervées.

184. Quatre Coquilles bien conſervées; deux *Minimes*, l'une brune, & l'autre jaune, de même grandeur; un *Tigre* à bandes jaunes; une *Moule* jaune, avec des raïons violets.

185. Trois belles Coquilles, de moïenne grandeur, qui ſont, une *Tinne de beurre*, un *Cornet* oranger, avec une zone blanchâtre; un autre à côtes, d'un beau blanc, couvert de points orangers, avec deux zones ou Cordons de même couleur.

186. Cinq Coquilles, qui ſont, un *Spectre*, de couleur rougeâtre, & d'un beau poli; deux *Rouleaux grenus*, d'eſpeces différentes; un *Buccin*, de l'eſpece des Fuſeaux; une *Came*, d'une grande beauté de deſſein.

187. Trois Cornets, de différentes eſpeces; ſavoir, la *Couronne Impéria-*

le ; (M. d'Arg. Pl. 15, L. F.) un *Papier* marbré ; un *Rouleau*, eſpece commune ; ſa tête eſt aſſez allongée, ſa robe eſt d'un beau jaune, avec de grandes taches blanches & irrégulieres ; il eſt grenu par le bas. Une *Vis*, & deux petites *Aîlées* différentes ; en tout ſix Coquilles.

188. Deux fort belles *Cames*, & deux *Rouleaux*.

189. Sept petits *Rouleaux*, peu communs, tous d'eſpeces différentes, & d'un deſſein parfait. Une *Came*.

190. Une *Came* à Stries qui ſuivent le contour de la Coquille, fond gris, avec des raïons violets qui partent du centre, & vont ſe répandre ſur ſes bouts. Cinq autres Coquilles, tant *Cornets* que *Rouleaux*, parmi leſquelles il y en a quelques-unes peu communes.

191. Sept Coquilles, tant Cornets que Rouleaux ; une petite *Aîle de Papillon* ; un *Cornet* blanc, avec des points orangers, diſtribués régulierement ; deux *Flambées* ou *Flamboïantes*, &c.

192. Un beau *Cornet* jaune, avec un Cordon blanc ; deux *Flamboïantes* ; (M. d'Arg. Pl. 15, L. F.) une *Came* rare, & d'un beau deſſein.

193. Une belle *Couronne Impériale*; deux *Flamboïantes*, & une eſpece d'*Ecriture Chinoiſe* : en tout quatre Coquilles.

194. Une *Couronne Impériale*; un autre *Cornet*; & quatre *Cames* de différentes eſpeces.

195. Deux beaux *Cornets*, de moïenne taille, l'un blanc, avec de grandes taches couleur de roſe; l'autre jaune, avec un cordon blanc; une *Came*, peu commune, dont le deſſein brun, ſur un fond blanc, fait un point d'Hongrie, avec de petites herboriſations.

196. Une *Came*, la même que celle du N°. précédent. Une autre eſpece d'*Ecriture Chinoiſe*, & un fort beau *Cornet* de couleur orange.

197. Treize petits *Cornets*, de différentes eſpeces, & une *Came*.

198. Deux *Couronnes Impériales*, ſans aucunes excroiſſances, ce qui arrive rarement à cette Coquille; la bouche & la tête ſont très bien conſervées; on les a miſes enſemble, parcequ'elles ſont pendans, & que l'une a la zone ou la bande large par le haut, & plus étroite par le bas; l'autre eſt tout le contraire. Une *Came* très rare.

199. Deux belles Cames, nommées *Ecritures Chinoiſes*, l'une de l'eſpece ordinaire, mais d'un beau deſſein; l'autre de l'eſpece rare: toutes deux ſont pendans, & ſont grandes de trois pouces trois lignes. Une *Couronne Impériale*.

200. Douze Coquilles, toutes de celles qu'on nomme *Papiers marbrés*. On ſait combien cette Coquille varie, auſſi n'y en a-t-il pas une dont le deſſein ſoit ſemblable à l'autre.

201. Quatre *Cornets*, d'un beau poli, dont deux nommés l'*Aumuce*. (M. d'Arg. Pl, 15, L. K.) Quatre *Cames*, deux groſſes & deux moïennes.

202. Cinq Coquilles, qui ſont, une *Came*; un Cornet, nommé le *Navet*, d'un très beau poli, & dont les bandes ſont bien diſtinguées; un autre, avec des taches & des bandes couleur de roſe, & deux autres d'un beau poli.

203. Quatre *Cornets* pareils à ceux du N°. précédent, & une jolie *Came*.

204. Trois *Cornets*; ſavoir, deux *Flamboïantes* de pareille groſſeur mais de couleur différente, vives & bien conſervées. Un autre *Cornet*, peu commun; ſa tête eſt allongée, ſa ro-

be eſt jaune, avec de grandes taches blanches & irrégulieres. Une jolie *Came*, & une autre rare : en tout cinq Coquilles.

205. Cinq *Rouleaux* fort beaux, & une *Came ronde*, blanche.

206. Huit Coquilles, tant *Cornets* que *Rouleaux*, parmi leſquels ſont deux petits *Raiſeaux* & deux *Cames*.

207. L'*Arroſoir*, long de quatre pouces huit lignes, (M. d'Arg. Pl. 7, L. G.) très bien conſervé; cette Coquille eſt rare. Pour qu'elle ſoit belle, il faut qu'elle ſoit bien droite, d'un beau blanc, que le rebord de ſa tête ſoit couronné d'une petite frange friſée, blanche & violette; le deſſus de ſa tête doit être percé d'une infinité de petits trous; il doit encore avoir ſur ſon tuïau, un peu au-deſſous de ſa frange, un petit viſage aſſez bien deſſiné, les yeux, le nez & la bouche. L'*Arroſoir*, que nous annonçons, eſt préciſément tel que nous venons de dire, qu'il faut que cette Coquille ſoit pour être belle. On lui donne le nom d'*Arroſoir*, de *Brandon d'amour*, de *Pinceau de Mer*, parcequ'en effet elle a de la reſſemblance avec ces choſes. On la met au rang des Tubu-

laires;

laires ; mais c'eſt ſans contredit la premiere de cette famille.

208. Un autre *Arroſoir ;* celui-ci n'eſt pas d'une auſſi belle forme que le précédent ; mais l'eſpece eſt bien caractériſée.

209. Six *Tubulaires*, dont trois d'eſpeces différentes ; l'un eſt un *Arroſoir* manqué, mais encore reconnoiſſable ; les deux autres ſont deux *Tubulaires* différens, peu communs ; les deux derniers ont un caractere qui eſt particulier à quelques Tubulaires, ils n'ont qu'une ouverture par le haut, & deux par le bas. Trois autres *Tubulaires*, dont un eſt très remarquable par ſa ſtructure ; ſa tête eſt bouchée par la Coquille même, elle eſt garnie d'un bourlet, qui forme un capuchon ; ſa queue eſt percée de deux trous, ſa longueur eſt de cinq pouces, non compris ſon torſe ; ſa groſſeur eſt celle des Arroſoirs ordinaires.

210. Deux *Tubulaires* de la plus grande eſpece, l'un a dix pouces de long, un pouce de diametre dans la partie la plus ouverte ; l'autre a neuf pouces de long, auſſi un pouce d'ouverture du côté qui eſt le plus large ; de l'autre

côté se trouvent les deux ouvertures.

211. Un beau morceau de *Tubulaire* rouge, (M. d'Arg. Pl. 29, L. A.) appellé communément *Tuïaux d'Orgues.*

212. Plusieurs *Groupes de Tubulaires*, sur des Peignes, & un sur un Limaçon. (M. d'Arg. Pl. 29, L. B.)

213. Deux *Lépas*, sur lesquels sont deux Plantes Marines, d'especes différentes; un *Tuïau* verd & canelé; plusieurs autres petits, & deux petits *Tubulaires*, dont le bout forme une petite *Vis* en pointe. (M. d'Arg. Pl. 29, L. I.)

214. Deux *Tuïaux* verds; trois *Tubulaires*, ou *Tubes vermiculaires*, avec leurs Vis en pointe; & plusieurs d'une autre espece, chambrés. (M. d'Arg. Pl. 29, L. K.) On les met aussi au nombre des *Nautiles.*

215. Quatre grands *Tubulaires* verds, d'une belle grandeur: ces especes de Tubulaires ne sont pas communs. On les nomme *Dentales.* (M. d'Arg. Pl. 7. L. H H.) Nous donnons à ces *Tuïaux* le nom de *Dentales*, d'après M. d'Argenville, qui donne celui *d'Antales* aux petits *Tuïaux* marqués K K. Cependant la suite de la Matiere

Médicale de M. Geoffroy, par Meſſieurs de Nobleville & de Salerne, nous apprend que le Dental eſt un Tube vermiculaire de figure conique, blanc, un peu fléchi en arc, qui ſe pêche ſur les Côtes d'Angleterre ; que l'Antale ou Entale eſt un autre Tuïau vermiculaire plus gros que le Dentale, ſes canelures plus profondes, verdâtres, & s'apporte des Indes Orientales. On dit que l'origine du mot Antale, ou Entale, vient de *Entaglia*, nom que les Italiens donnent aux Pierres, aux Bois, & aux Métaux, qui ſont figurés ou ſimplement canellés.

216. Une très belle *Bécaſſe Epineuſe*, de la grande eſpece. (M. d'Arg. Pl. 19, L. A.) Cette Coquille eſt de toute rareté à trouver belle ; la délicateſſe de ſes pointes la rend bien difficile à tranſporter ſans accident : elle eſt très bien conſervée, & de cinq pouces de long ; ſa bouche, ſa tête & ſa queue, ſont auſſi dans leur entier. Nous regardons cette Coquille comme parfaite.

217. Une autre *Bécaſſe Epineuſe*, de la rare eſpece : celle-ci eſt d'une conſervation ſi parfaite, qu'elle ne craint

point l'œil le plus ſcrupuleux.

218. Une autre de la même eſpece.

219. Une autre *Bécaſſe Epineuſe*, mais moins grande. On a joint à celle-ci une Coquille, nommée la *Tête de Bécaſſe*. (M. d'Arg. Pl. 19, L. B.)

220. Une *Bécaſſe Epineuſe*; une *Tête de Bécaſſe*, & une *Pourpre*, dont les feuilles ſont noires, ſur un fond blanc. On la nomme la *Chicorée brûlée*.

221. Une *Bécaſſe Epineuſe*; une *Tête de Bécaſſe*; une *Pourpre*, dont les feuilles ſont noires, & le fond blanc. On la nomme la *Brûlée*.

222. Une *Bécaſſe Epineuſe*; deux *Boutons Chinois*, ou de Camiſolle; une *Chicorée brûlée*, & un petit *Fuſeau*.

223. Cinq Coquilles; ſavoir, une grande *Pintade*; un *Millepiés*; une *Bécaſſe Epineuſe*; une *Pourpre* bien conſervée, & une grande *Chenille*.

224. Cinq autres Coquilles; une *Bécaſſe Epineuſe*; une *Olive Porphire*; une *Tête* de *Bécaſſe*; une belle *Pourpre* brune; un gros *Buccin*, appellé la *Cordeliere*.

225. Deux *Bécaſſes Epineuſes*; une grande *Mître*; une *Vis* auſſi fort grande; deux *Pourpres*, l'une brune,

& l'autre blanche; un *Foudre*; une *Olive*, & deux *Muſcades*.

226. Un gros *Rocher* jaune, peu commun; un beau *Caſque*, nommé le *Bézoard*; une grande *Harpe*; une *Vis*; un beau *Damier*; une *Muſcade*, & une *Ecorchée*: en tout ſept Coquilles.

227. Quatorze belles Coquilles, qui ſont; deux *Bécaſſes Epineuſes*; deux *Brunettes*; trois *Rouleaux*; deux *Caſques*, & cinq *Buccins*.

228. Un *Cadran*; pluſieurs *Cornets*, *Caſques*, *Buccins*, &c. en tout trente-quatre Coquilles, dont pluſieurs fort jolies.

229. Douze Coquilles; deux *Bécaſſes Epineuſes*; une *fauſſe aîle de Papillon*; un *Lépas*, & pluſieurs *Buccins*.

230. Neuf belles Coquilles; une *Tête de Bécaſſe*; un *Murex à Cloux*, à bouche jaune; une *Olive Porphire*; un *Drap d'or*; deux *Vis*; une *Figue*; une grande *Chenille*, & un *Buccin* peu commun.

231. Une *Patte de Crapaud*, & une *Chicorée brûlée*: ces deux Coquilles ſont bien conſervées.

232. Une *Poupre* très agréable, & que nous regardons comme unique. Elle

eſt extrêmement lourde pour ſon volume, ce qui vient de ſon épaiſſeur, ſon fond eſt d'un beau blanc de lait, & il eſt tout couvert de petites feuilles noires, ſerrées & rangées avec ordre; toutes ces feuilles ſont bien conſervées; l'intérieur de ſa bouche eſt d'un bel émail blanc, coupé par des feuilles noires qui la bordent. Nous ne connoiſſons cette Coquille dans aucun Cabinet, pas même en Hollande, où elle faiſoit l'admiration des Curieux; elle eſt d'un beau volume.

233. Un *Damier* jaune, de la rare eſpece, fort grand; deux petits *Argus*, d'un très gros volume pour leur eſpece. (M. d'Arg. Pl. 21. L. X.) Une belle *Patte de Crapaud* (M. d'Arg. Pl. 19. L. D.) Ces quatre Coquilles ſont très précieuſes pour la beauté de leur robe & leur grandeur, qui ſurpaſſe de beaucoup celle qui eſt ordinaire à ces différentes eſpeces.

234. Trois *Maſſues d'Hercule*, d'eſpeces différentes, dont deux peu communes, une *Tête de Bécaſſe*, quatre *Pourpres* différentes, &c. en tout dix Coquilles.

235. Douze Coquilles, un *Murex* blanc,

trois *Pourpres*, deux *Rochers aîlés* & ſix autres Coquilles.

236. Cinq Coquilles; deux belles *Pourpres* de même eſpece & de même groſſeur, une *Chicorée brûlée*, une autre *Pourpre*, toute blanche, ſans pointes, à tête allongée, d'une eſpece peu commune & un *Rocher* blanc.

237. Cinq belles *Pourpres*, dont une ſans pointe, à tête allongée, couleur de roſe & blanche; un *Murex* blanc.

238. Une très belle *Pourpre*, ſans pointes, blanche & couleur de roſe; trois autres *Pourpres*, d'eſpeces différentes, auſſi très belles; un *Clocher Chinois*: en tout cinq Coquilles, bien conſervées.

239. Trois *Pourpres*, d'eſpeces différentes; deux *Buccins* peu communs; deux *Rochers à Oreilles*.

240. Deux *Pourpres* minces, fond blanc, avec des feuilles brunes, bien conſervées; une autre *Pourpre*, blanchâtre, bien conſervée, & rare même en Hollande; un *Buccin à côtes* qui ſuivent les Spires, auſſi fort rare.

241. Neuf Coquilles, qui ſont; une belle *Tête de Bécaſſe*; cinq *Pourpres*, dont quatre *brûlées*; deux *Buccins*; & une *Maſſue d'Hercule*.

242. Deux fort belles *Chicorées brûlées*, de même grosseur ; un gros *Murex à Cloux*.

243. Trois Coquilles, *idem*.

244. Deux *Chicorées brûlées*, & deux *Murex* blancs, d'especes différentes.

245. Deux *Chicorées*, de même grandeur, à fond blanc, avec des feuilles brunes : ces deux Coquilles sont très délicates, grosses pour leur espece, & rares.

246. Une grande *Pourpre*, bien conservée.

247. Une autre, *idem*.

248. Une très grande *Pourpre* blanche & grise ; sa bouche est couleur de chair : cette Coquille est d'une belle conservation, malgré la grosseur & la longueur de ses feuilles.

249. Une autre *Pourpre*, de même volume, & d'une aussi belle conservation.

250. Une *Pourpre* plus grande que les deux précédentes, plus vive en couleur, & d'une conservation aussi parfaite. Cette Coquille, ainsi que les deux précédentes, sont rares à trouver de cette beauté & de ce volume.

251. Une *Pourpre* extrêmement rare ; elle est toute blanche ; sa tête est fort allongée,

allongée, & elle eſt fort grande pour ſon eſpece.

252. Une très belle *Came coupée*, blanche, bien conſervée, rare; deux belles *Pourpres*, dont une avec des feuilles couleur de roſe : ces trois Coquilles ſont de choix.

253. Une *Chicorée brûlée*; une *Pourpre*; deux *Buccins* rares, de différentes eſpeces, bien conſervés, & d'une belle robe.

254. Huit *Lépas*, dont trois ſont d'une grande beauté.

255. Dix-huit Coquilles, dont pluſieurs très belles.

256. Un beau *Buccin*, rare, d'un beau volume pour ſon eſpece, & d'une belle robe; trois *Lépas*, dont un chambré; deux *Rochers ailés*, l'un à lévre mince, & l'autre à lévre épaiſſe & rouge.

257. Deux *Huitres*, dont la *Feuillé jaune*; un *Lépas* en *Bateau chambré*, un non chambré, & un grand raïonné. (M. d'Arg. Pl. 6, L. B.)

258. Huit *Lépas* de choix, qui ſont; le *Bonnet* de *Matelot papiracé* blanc, & doublé d'un autre petit Bonnet en dedans; (M. d'Arg. Pl. 6, L. K.) un couleur d'écaille de Tortue, un blanc

& noir étoilé ; (M. d'Arg. Pl. 6, L. M.) un petit blanc cannelé ; un brun cannelé ; deux couleurs de rose, & un autre aussi brillant que l'Agathe : cet article est des plus intéressans.

259. Neuf *Lépas* fort beaux, dont un en *Bateau* ; deux blancs & noirs étoilés ; le *Cabochon* blanc, &c.

260. Trois *Lépas*, dont un blanc, avec des raïons rouges, & un brun ; & sept autres Coquilles peu communes.

261. Quatre grand *Lépas* ; savoir, un couleur de terre ; le *Bonnet* de *Matelot*, à tête recourbée ; un brun & raïé ; un fort épais, d'un blanc sale.

262. Cinq beaux *Lépas*, dont un jaune, raïonné de blanc, & un blanc à côtes pâles.

263. Deux petits *Draps* bruns, & d'un travail extrêmement fin, tous deux bien conservés, & de même grandeur ; une *Chiure de Mouche*, à grandes taches noires & à côte ; cette Coquille est d'un gros volume pour son espece ; un *Buccin*. Ces quatre Coquilles ne sont pas communes.

264. Deux *Olives* de *Panama*, nommées *Olives Porphire*, ou la Géométrique ; ces deux Coquilles sont d'un fort grand volume, & de même grandeur.

265. Une grande *Olive* de *Panama*; un *Plein-Chant*, & une *Musique grenue.*

266. Trois Coquilles de même que celles de l'Article précédent.

267. Une très grande *Olive* de *Panama*; deux grandes *Écorchées*; la *Veuve*, ou le *petit Deuil*, d'une très belle robe, sans être travaillée; & un *Perroquet*, dont on a conservé les couleurs vertes, en faisant paroître la Nacre en certains endroits.

268. Six Coquilles, dont cinq sont les mêmes que celles ci-dessus dénommées, & un *Perroquet.*

269. Cinq Coquilles fort belles, qui sont; deux *Damiers*, faisant pendant, & d'un travail tout différent; deux *Brunettes*, aussi pendantes, l'une d'un brun maron, l'autre d'un brun clair; & un *Drap d'or*, bien conservé.

270. Cinq Rouleaux; savoir, un *Drap d'or*; le *Spectre*; une *Brunette*; deux *Damiers* de même grosseur, mais d'un travail différent.

271. Un *Drap d'or* de la Chine; un autre *Drap d'or* ordinaire, tous deux de même grandeur; une fort belle *Olive de Panama*; un *Cornet*, nom-

mé l'*Omelette* ; une *Olive* d'un beau brun. Les *Olives*, qui sont toutes d'une couleur, sont les plus rares.

272. Le *Rouleau*, nommé l'*Omelette*, de la plus grande beauté par la vivacité de sa couleur : cette Coquille est très difficile à trouver belle. Une *Olive* toute brune, l'*Olive de Panama* ; deux autres *Olives*, d'une espece rare ; l'une est dépouillée, & l'autre ne l'est pas : ces deux dernieres Coquilles sont d'un volume beaucoup plus gros qu'on ne les trouve ordinairement.

273. Deux belles *Olives de Panama*, d'un beau travail, toutes deux de même grandeur ; deux *Olives* de la grande espece, & difficiles à trouver ; elles sont d'une grande beauté par-dessus, & doublées en dedans d'un bel orangé : elles ont près de trois pouces. (M. d'Arg. Pl. 16, L. N.)

274. Un *Cornet*, d'un beau travail, & huit *Olives*, dont deux de la grande espece.

275. Deux grandes *Olives*, dont la tête est allongée ; & huit autres petites, d'un très joli dessein.

276. Huit *Olives*, une toute brune &

une jaune, toutes deux d'un même volume, & d'une belle grandeur; deux autres de l'espece rare, d'un gros volume, & faisant pendans; deux autres à tête allongée, aussi de même grandeur; deux petites d'un bel émail.

277. Un très beau *Burgeau*, avec sa robe; un *Perroquet*, découvert en partie; une *Veuve;* trois différentes *Etoiles de Mer.*

278. Quatre *Etoiles de Mer*, d'especes différentes; les bords d'une, dessus & dessous, paroissent garnis d'un double Chapelet; un *Perroquet*, dépouillé pour en faire voir la Nacre, en ménageant sa couleur verte; deux *Veuves*, l'une dépouillée, & l'autre avec sa robe; un *Soleil de Mer* à treize raïons, ses petites franges par-dessous, & ses petites pointes par-dessus, sont bien conservées; & une espece de *Tête de Méduse*: en tout neuf Coquilles.

279. Deux *Perroquets* travaillés; une *Veuve;* cinq *Olives* de différentes especes; deux *Peignes* ou *Manteaux* jaunes: en tout dix Coquilles.

280. Quarante-trois Coquilles, dont cinq *Olives*; il y en a une très belle & peu commune; deux *Peignes* ou *Manteaux*, &c.

281. Quarante-six Coquilles, de différentes especes, *Olives*, *Manteaux*, & autres.

282. Douze Coquilles; cinq belles *Porcelaines* peu communes; une toute noire; une brune, d'un joli travail, avec deux cordons; trois autres de l'espece rare, deux sont dépouillées, la troisieme a sa robe; un petit *Radix papiracé*, bien conservé; six *Limaçons*, nommés *Cornets de S. Hubert*, (M. d'Arg. Pl. 31, L. 7.) de deux especes différentes.

283. Quatre belles Coquilles; savoir, un très beau *Drap d'or* de la Chine, (M. d'Arg. Pl. 16, L. P.) piqueté & grenu: cette Coquille est parfaite, elle est rare; trois belles *Olives*, dont deux très rares; le corps de ces *Olives* est plus renflé que celui des autres, & toutes deux portent sur le dos deux rubans, l'une les a noirs, & l'autre jaunes: ces deux especes sont connues depuis peu de temps.

284. Quatre Coquilles, de même que celles du N°. précédent.

285. Un *Drap d'or* de la Chine, de même espece que celui du N°. 283; six *Olives*, deux grosses & quatre petites.

286. Treize *Olives*, de différentes grandeurs & especes ; elles sont toutes d'un beau choix.

287. Huit *Olives*, dont deux de l'espece rare ; deux à tête pointue & allongée, & les quatre autres d'un joli dessein ; trois *Cames* différentes ; la *Rape*.

288. Huit belles *Olives* ; deux *Cames coupées*, & une *Came* rare. (M. d'Arg. Pl. 24, L. P.)

289. La même *Came*, rare, plus grande, & beaucoup plus grosse que celle du N°. précédent ; un *Drap d'or* piqueté, de la Chine & grenu, rare ; huit *Olives* choisies : en tout dix Coquilles.

290. Deux petits *Draps d'or* de la Chine, piquetés & grenus ; deux belles *Cames*, d'un très beau travail, & peu communes ; quatre *Olives*, d'especes différentes.

291. Une très belle *Came*, rare, fond jaune, avec des raïons bruns qui partent de sa tête & des cannelures qui suivent le contour de la Coquille ; neuf *Olives* ; deux *Oreilles de Mer*, l'une verte & couleur de rose, l'autre jaune & grise : en tout douze Coquilles.

292. L'*Oreille de Mer* blanche, ſans trous, rare; (M. d'Arg. Pl. 7, L. C.) trois *Oreilles de Mer*, dont deux allongées, peu communes; (M. d'Arg. Pl. 7, L. E.) elles viennent de la Chine, il ne faut pas les confondre avec celles de notre Païs ou d'Amérique; ſix *Olives* : en tout dix Coquilles.

293. Une petite *Oreille de Mer* blanche, ſans trous; deux *Oreilles allongées*, de la Chine; huit *Olives*.

294. Sept *Oreilles de Mer*; ſavoir, deux ſans trous, de différentes eſpeces; une dépouillée; quatre autres avec de très belles robes.

295. Douze Coquilles; une petite *Oreille de Mer allongée*, de la Chine; deux autres, une dépouillée, & l'autre avec ſa robe; une jolie *Came*, & huit belles *Olives* choiſies.

296. Deux *Eſpeces d'Olives*, rares; un *Peigne roux*, couleur de Ceriſe; une *Pourpre* vive en couleur, & une *Vis* bien conſervée.

297. Deux grandes *Ailées*, l'une blanche, & l'autre jaune, toutes deux bien conſervées; un *Cœur*, nommé *la Fraiſe*, (M. d'Arg. Pl. 26, L. N.) d'un gros volume.

298. Trois *Ailées*, l'une blanche, l'autre jaune, & la troisieme d'une tête beaucoup plus allongée; une *Arche de Noé*, & deux *Cames*.

299. Trente-une Coquilles de différentes especes, dont deux *Cornets*, appellés *Draps d'argent*.

300. La *Navette*; (M. d'Arg. Pl. 21, L. I.) on fait la rareté de cette Coquille. Nous connoissons beaucoup de Cabinets, en France & en Hollande, où elle n'est pas encore.

301. Trois *Porcelaines*, l'*Œuf*, la *Géographique*, & l'*Argus*; deux grandes *Aîlées*, d'especes différentes: ces cinq Coquilles sont d'un très beau choix.

302. Six *Porcelaines*, dont deux *Truitées* des Indes; deux *Fausses Argus*, & deux *Fausses Arlequines*; un *Cœur*, de nos Mers, avec ses pointes; une *Conque*, & un *Operculum*.

303. Quatre *Porcelaines*, dont deux légeres, fond gris, marquées de taches jaunâtres, l'une sans dents & l'autre avec ses dents, à bouche épaisse, doublée de jaune; celle appellée le *Crapaud*, & un grand *Operculum*.

304. Trois *Porcelaines*, le *Liévre*, la *Géographique*, & l'*Œuf*, doublé, à bouche épaisse; une *Concha Veneris*;

un *Limas* en forme de *Vis*, fond blanc, avec des lignes brunes.

305. Deux *Ourſins* ſans pointes, dont un de la Mer rouge; trois groſſes *Porcelaines*, entr'autres celle nommée le *Liévre*. Il eſt de la nature de cette Coquille d'avoir toute la robe couverte de petits points, que l'on prendroit pour de la pouſſiere; elle n'eſt pas commune.

305. Quatre groſſes *Porcelaines* fort belles, dont le Lievre & un Ourſin violet avec ſes pointes.

307. Trois *Ourſins*, dont deux avec leurs pointes, l'un violet, & l'autre verd, le troiſieme eſt de la Mer Rouge. On a joint cinq bâtons qui paroiſſent les pointes de différens Ourſins, parceque leur ſtructure eſt différente.

308. Trois *Ourſins*, un avec ſes pointes, les deux autres n'en ont point; cinq *bâtons d'Ourſins* pareils à ceux du No 307.

309. Sept *Porcelaines*, toutes d'un très bel émail, & parfaites dans leur différentes eſpeces.

310. Deux jolies *Porcelaines*, & trois *Ourſins* d'eſpeces différentes & peu communes.

311. Cinq *Oursins*, sans pointes, tous différens.

312. Trois *Oursins*, deux sans pointes, & un garni de toutes ses pointes.

313. Quatre *Oursins*, dont un plat, découpé sur ses bords ; & six *Porcelaines*.

314. Sept *Porcelaines*, & quatre *Oursins*, dont un plat.

315 Six *Porcelaines*, deux *Oursins*, & trois *Plumes* : on croit que ces *Plumes* sont des *Polypes déssechés*, qu'on nomme pour lors *Poissons-plumes*, parcequ'en effet ils ressemblent beaucoup à une *plume*.

316 Six *Porcelaines* de quatre especes différentes, la plupart avec de belles zones sur le dos, & trois *Oursins*, dont un découpé.

317 Douze *Oursins* sans pointes, & trois grosses *Porcelaines* d'un bel émail.

318 Sept *Oursins*, dont deux découpés sur leurs bords, & un percé de cinq ouvertures longues, quatre aux quatre coins, & la cinquieme au milieu des deux, qui sont à un des bouts ; cet *Oursin* n'est pas commun. Quatre *Porcelaines* : en tout onze Coquilles.

319 Cinq *Ourſins*, deux marqués dans M. d'Arg. Pl. 28. L. L ; l'un avec ſes pointes, & l'autre ſans pointes. Ce dernier eſt ſingulier, en ce que l'on voit pluſieurs fractures faites à l'animal, de ſon vivant, & qu'il a réparées ; un découpé ſur ſes bords, & plat ; un autre auſſi plat, percé de cinq trous, comme dans le N° 318 ; le cinquieme eſt bien conſervé, & tous ſes petits trous ſont à jour.

320 Deux *Porcelaines* ; la grande *Argus*, (M. d'Arg. Pl. 21. L. D.) d'un grand volume, dont les taches ſont bien diſtinguées, ce qui fait le mérite de cette Coquille. La *Géographique*, (M. d'Arg. Pl. 21. L. B.) d'un bel émail. Deux *Murex à Cloux*, tous deux différens, l'un a la bouche pourpre, l'autre jaune.

321 Deux *Conques Perſiques*. (M. d'Arg. Pl. 20. L. E.) Nous avons mis ces deux Coquilles enſemble, pour faire voir, une dans ſa nature, & l'autre travaillée. Ce n'eſt point la *Tonne* marquée dans la même Planche, L. H. qui ſe trouve ſur nos côtes ; celle-ci vient des Indes. Un *Cœur blanc*, en forme d'*Arche de Noë*. Un gros *Buccin* blanc & jaunâtre, (M. d'Arg.

Pl. P.) Un petit *Cœur* appellé la *Fraise* ; elle est couleur de citron : en tout cinq Coquilles.

322 Deux *Cœurs blancs* en forme d'*Arche de Noë*, à peu près de même grosseur ; l'un a des Tubercules ; (M. d'Arg. P. 26. L. F.) Deux *Conques Persiques*, faisant pendants, dont une polie. Deux *Porcelaines* ; la grande *Argus*, d'un gros volume. Le *Faux Argus*.

323 Une grosse *Porcelaine* légère ; un gros *Casque* appellé *la Plume* : cette Coquille est rare. Une *Came*, espece de *Concha* ; une *Conque* : ces quatre Coquilles ne se trouvent pas facilement.

324 Cinq Coquilles ; savoir, le même *Casque* que celui du N° ci dessus, appellé *la Plume*. Deux autres petits *Casques*, d'un beau poli. Deux jolies *especes de Tonnes*, épaisses, polies, raïées de blanc & de brun, & d'un beau blanc en dedans ; cette Coquille ressemble parfaitement à la *Porcelaine de Saxe* par son beau blanc, & son poli intérieur : elle n'est pas commune.

325 Trois *Porcelaines*, qui sont, la grande *Argus* ; le *Lievre* ; la *Géogra-*

phique; & une belle *Conque Persique* dépouillée : ces quatre Coquilles sont parfaites, & d'un gros volume.

326 Trois *Murex à Cloux*, tous trois différens, l'un à bouche violette, & cloux noirs, nommé *Gueule de Lion*; l'autre jaune entierement par dessus, à bouche pourpre : le troisieme jaune à cloux noirs, la bouche blanche & les pointes allongées vers la bouche. Trois *Buccins à Tubercules*, deux pendants, & un d'un autre espece. Deux autres *Buccins*, aussi pendants, peu communs : en tout huit Coquilles.

327 Deux *Conques Persiques*, l'une polie, & l'autre dans son entier. Deux autres *Conques*; un petit *Murex à Cloux*, d'espece différente, & deux *Buccins*. (M. d'Arg. Pl. L).

328 Une *Fraise* d'un gros volume, dont tous les points sont d'un beau rouge. Une *espece de Murex à Cloux*, rare. Deux *Buccins* pendants, (M. d'Arg. Pl. L.) & deux autres *Buccins*, aussi pendants, non dépouillés, d'une espece différente, (M. d'Argenville, P. L.)

329 Deux *Rochers*, (M. d'Arg. Pl. 18. L. F.) l'un appellé unique, parce-

que, contre l'ordinaire, ſa bouche eſt tournée de droit à gauche, l'autre a la contrepartie, c'eſt-à-dire, la bouche telle que les Coquilles ſont ordinairement ; elles ſont belles en couleur, & d'une bonne grandeur. Un *Murex* à fond blanc, chargé de cloux noirs, la bouche garnie de dents. Un autre petit *Murex* à bouche jonquille, garni de pattes allongées. Une *eſpece de Conque* ſinguliere ; ces cinq Coquilles ſont rares.

330 Une belle *pelure d'Oignon* platte, ronde, blanche, & de la même eſpece que celle dont les Chinois ſe ſervent pour garnir leurs fenêtres au lieu de verre, & deux belles *Brunettes* bien conſervées, & d'un travail différent.

331 Six Coquilles de choix, qui ſont, la *Grimace ;* Deux *Caſques* peu communs, nommés *Bézoards*, un poli, & l'autre naturel ; trois belles *Olives*, dont une nommée l'*Olive Porphire*, ou *de Panama*.

332 Deux *Olives Porphires* de même grandeur ; deux autres *Olives*, une brune, & l'autre de la grande eſpece ; une *Chiure de Mouche* ; la *fauſſe aile de Papillon*, & un *Caſque pavé* : en tout ſept Coquilles.

333 Un *Drap d'or* de la Chine ; deux *Ecorchées ;* deux belles *Porcelaines ,* dont *la Tigrée ;* une *Harpe ;* un *Buccin* fort beau : ces sept Coquilles sont d'un grand volume.

334 Deux *Porcelaines*, dont la grande *Argus* fort belle ; l'autre est jaune, avec des cordons bruns ; une autre *Porcelaine*, nommée l'*Œuf*, une *Vis*, & un *Tigre* à bandes jaunes.

335 Trois *Porcelaines* ; savoir, la grande *Argus ;* une autre *Truitée ;* une belle *Brunette ;* une *Couronne Impériale* : ces cinq Coquilles sont très belles.

336 Un *Casque pavé ;* une belle *Olive*, doublée de jaune ; deux *Ecorchées ;* un beau *Bois veiné*, & deux *Foudres*.

337 Une grande *Argus ;* deux autres *Porcelaines*, d'especes différentes ; un *Damier ;* deux *Ecorchées*, & un *Taffetas, ou Brocard de soie*.

338 Une grande *Argus* ; la *Mitre ;* une *Vis*, nommée *Alaine ;* une *Porcelaine* peu commune ; une belle *Oreille* doublée de rouge.

339 Une *Mitre* & une *Tiare*, de même grandeur ; deux *Buccins*, dont un triangulaire ; une *Oreille ;* trois *Porcelaines* d'especes différentes.

340

340 Deux *Tiares* de deux especes; une *Mitre*; trois *Sabots Chinois*, deux d'un beau rouge, & un pourpre; deux *especes de Chenilles*, une blanche, & l'autre brune; deux jolis *Buccins* de couleurs différentes. 7

341 Dix Coquilles de choix, qui sont, six *Buccins* différents; deux *Pourpres*, dont une petite peu commune, l'autre est blanche, sa forme approche beaucoup de la *tête de Bécasse*; deux *Sabots Chinois*, d'un beau rouge. 6 5

342 Plusieurs *Buccins*; quelques *Sabots Chinois*; une *espece de Chenille* peu commune: en tout quatorze Coquilles fort jolies. 6 1

343 Une belle *Ecriture Chinoise*; une *Moule* de l'Amérique, d'un grand volume pour son espece: elle est partagée par des raïons blancs & violets qui partent de sa tête, & s'élargissent vers ses bords; une autre *Moule* peu commune; un *Drap d'or*; une *Ecorchée*, & le *Cornet* nommé l'*Aumusse*. 17. 10

344 Trois *Moules* d'especes différentes; deux *Cames* aussi d'especes différentes; un fort beau *Damier*; le Buccin, appellé *la Mitre*, d'une grande vivacité de couleur: en tout sept Coquilles. 8 10

345 Trois *Moules*, dont une belle *Ecriture Chinoise ;* le *Cierge ou l'Onix ;* une *Ecorchée ;* un beau *Drap d'or* rembruni : les six Coquilles sont bien conservées.

346 Une *Came cannelée*, peu commune ; une *Ecriture Chinoise ;* un *Concha Veneris* épineux ; la *Fraise ;* un *Drap d'or* rembruni, & le Cornet nommé l'*Aumusse :* en tout six Coquilles.

347 Quatre *Moules* de différentes especes, toutes fort belles, avec des couleurs très vives en dedans ; une belle *Rape ;* un *Buccin aîlé*, à bouche couleur de rose & noire ; une *Ecorchée.*

348 Dix-neuf petites Coquilles d'un joli choix, entr'autres la *Vieille ridée* & la *Fraise.*

349 Deux *Scorpions*, l'un mâle, (M. d'Arg. Pl. 17. L. B.) & l'autre femelle. Nous n'osons point assurer, que l'un soit plutôt le mâle ou la femelle que l'autre. Ce qu'il y a de certain, c'est que ces deux Coquilles sont très différentes, soit pour les Stries de la bouche, soit pour les couleurs : elles ont une très belle bouche, & sont bien conservées.

350 un grand *Bois veiné*, de cinq pouces & demi de longueur ; deux *Foudres ;* une *Musique.*

351 Un *Bois veiné ;* un *Plein Chant ;* une *Musique*, & un *Casque pavé* à Stries.

352 Deux *Pleins Chants*, d'un gros volume, & bien conservés ; une *Musique ;* un joli *Casque pavé :* ces quatre Coquilles sont d'un beau choix.

353 Une *Musique* ; deux *Pleins Chants*, & un *Casque pavé*, d'un très beau poli, & bien conservé.

354 Trois *Musiques* & trois *Casques*, dont un couleur de citron, & un pavé.

355 Quatre *Musiques* & six *Casques*, dont un gros du genre des pavés avec son épiderme.

356 Deux *Casques* de la plus grande beauté pour la vivacité, la régularité des couleurs, & leur conservation qui est parfaite. Ces deux Coquilles sont peu communes à trouver, surtout celle qui est marquée dans (M. d'Argenville, Pl. 18. L. D). Elle est d'un volume considérable pour son espece ; l'autre est un Casque pavé, (M. d'Argenville, Pl. 18. L. I.) gros aussi pour son espece ; ces deux Coquilles sont pendant.

357 Deux autres *Casques* de même espece que les deux du N° précédent ; ils sont tous deux très beaux, sur-tout le plus rare.

358 Six *Casques* de différentes especes, fort beaux & bien conservés, dont deux de même que ceux du N° précédent.

359 Huit autres *Casques* d'especes différentes.

360 Deux *Casques* fort gros pour leur espece, dont un est poli. Ils sont tous deux pendants, & sont de la plus parfaite conservation, on les nomme *Bézoards*.

361 Un *Casque*, trois grosses *Tonnes*, dont une cannelée, & la Perdrix.

362 Quatre *Coquilles* de même que celles du N° précédent.

363 Deux *Tonnes* cannelées, l'une à bouche épaisse, & l'autre à bouche mince. Deux grosses *Muscades*, une *espece* de *Tonne* marbrée sur sa tête, elle porte comme un bouton écrasé. Cette Coquille est rare.

364 Quatre *Tonnes*, dont deux à bouche épaisse. Deux *Muscades*, deux *Porcelaines* dépouillées, l'une rend un beau violet, & l'autre est blanche, avec une tache au milieu couleur de caffé : en tout huit Coquilles.

366 Deux *especes* de *Couronnes d'Ethiopie* fort rares, & deux jolies *Porcelaines*.

367 La *Fausse Arlequine* & la *Véritable*. Il ne faut pas confondre ces deux Coquilles ensemble, bien des gens s'y trompent, & afin de les comparer, nous les avons mises ensemble. La fausse Arlequine est très commune, la vraie est très rare : on prétend qu'elle vient de la Chine.

368 Huit *Porcelaines*, dont six de même grosseur & à trois especes différentes ; deux petites, l'une *la fausse Bossue*, (M. d'Argenville, Pl. 21. L. Q.) & l'autre la *Bossue*, (M. d'Argenville, Pl. 21. L. M.). Cette derniere Coquille se trouve difficilement ; elle a les deux extrémités rouges, le reste est d'un beau blanc de lait. On a eu soin de joindre la vraie avec la fausse, afin d'en faire la comparaison.

369 Huit *Porcelaines* de différentes especes, dont la *Bossue*.

370 Deux jolies petites *Argus*, (M. d'Arg. Pl. 2. L. X.) Leur volume est considérable pour l'espece ; le mérite de cette Coquille est, que les yeux blancs soient bien distingués sur leur

fond olive ; ces deux-ci ont ce mérite ; elles ſont peu communes. On prétend qu'elles viennent de la Chine. Deux autres Porcelaines, la *Boſſue*, & la *fauſſe Boſſue*.

371 Sept *Porcelaines* très belles, dont la *Boſſue*.

372 Dix *Porcelaines*, parmi leſquelles ſe trouve celle qu'on nomme le *Chapeau*, & un *Ourſin* ſans pointe.

373 Onze *Porcelaines*, toutes d'un bel émail ; elles ſont d'eſpeces différentes, entr'autres deux tigrées peu communes, & deux autres preſque toutes noires, à l'exception du deſſus qui eſt gris, ſans cependant être dépouillé.

374 Deux *Harpes* fort belles & vingt *Porcelaines*, parmi leſquelles ſont la tigrée, une autre toute marquée de petits yeux noirs, & deux marquées dans la Conch. de M. d'Arg. Pl. 21. L. V. Ces quatre Porcelaines ne ſont pas communes.

375 Une *Harpe* & huit *Porcelaines*, dont la *Tigrée* & deux autres, (M. d'Arg. Pl. 21. L. Y.)

376 Une belle *Harpe*, marquée de taches rouges, & douze *Porcelaines* différentes.

377 Onze jolies *Porcelaines*. Deux beaux *Limas* rubannés, nommés *Peau de Serpent*; & une jolie *Harpe* toute marquée de taches rouges. En tout 14 Coquilles.

378 Cinquante-ſept petites *Porcelaines*, parmi leſquelles il y en a de fort jolies.

379 Une *Harpe*, ſix *Cames*, Une *Olive*, & deux petites *Nerites*, une unie, & l'autre cannelée.

380 Six Coquilles. Deux *Limas* raïés d'une belle couleur rouge & blanche. Deux autres, l'un nommé *Peau de Serpent*, avec ſon Opercule. Une *Bouche d'or*. Deux très belles *Cames*, une des deux dorée à la Chine. On prétend que les Dames Chinoiſes ſe ſervent de ces Coquilles pour jouer enſemble au lieu de cartes.

381 Deux *Limas rubannés* nommés *Peau de Serpent*. Cette eſpece de Coquille a des variétés à l'infini. Deux *Cames*, dont une doublée, dorée à la Chine, très belle. Une *eſpece d'Ecriture Chinoiſe* très belle.

382 Un beau *Limaçon* d'une belle robe verte & noire. Trois belles *Cames*, dont une toute chagrinée, fond blanc avec des raïons de couleur de roſe,

la tête, de la même couleur, très vive, les deux autres ſont d'un très beau travail.

383 Six *Caſques*, trois gros, trois moïens, tous ſix de différentes eſpeces. Deux groſſes *Tonnes*.

384 Dix petits *Caſques* fort jolis, preſque tous de même groſſeur, & de différentes eſpeces.

385 Huit autres petits *Caſques* fort beaux, entre leſquels eſt celui que (M. d'Arg. Pl. 17. L. H.) dit fort rare à cauſe du Bourlet qu'il a ſur le dos. Pluſieurs ſont de différentes eſpeces.

386 Sept, idem.

387 Trois groſſes *Tonnes*, qui ſont; une *Perdrix*, deux cannelées, une toute jaune, & l'autre avec des mouches jaunes, marquées régulierement le long de ſes cordons.

388 Trois *Tonnes* parfaites: deux cannelées, fort groſſes, & en pendant, une toute blanche, l'autre blanche avec ſes cordons jaunâtres. La troiſieme plus petite, auſſi cannelée, avec des mouches ou taches jaunes ſur ſes cordons.

389 Un *Groupe* de deux *Moules*, une autre *Moule*, deux *Cœurs*, deux Co-

quilles

quilles du nombre des petites *aîlées*. Un *Foudre*, & un grand *Operculum*. (Rumphius, Pl. XX. N° 4.)

390 Deux *Foudres*, deux *Harpes* belles & grandes, & une *espece* de *Tonne* bien conservée, & vive en couleur.

391 Deux belles *Tonnes* particulieres, de cinq pouces chacune, (M. d'Arg. Pl. 20. L. F.) l'une est blanche, & l'autre couleur de paille, toutes deux bien conservées.

392 Deux *Tonnes*, nommées *Couronnes d'Ethiopie*, de cinq pouces chacune, l'une des deux a la zône; leur couleur est différente, & très belle dans l'une & dans l'autre. Elles ont toutes leurs pointes; ce qui se trouve difficilement.

393 Deux autres *Couronnes d'Ethiopie*, de quatre pouces & demi chacune; toutes deux ont leur zône, l'une est d'un jaune plus foncé que l'autre: toutes deux sont d'une conservation parfaite.

394 Deux belles *Coquilles* vives en couleur, & d'un volume peu ordinaire pour l'espece; on leur donne le nom de *Harpa-Nobilis*. (M. d'Arg. Pl. 20. L. D.) Celle-ci est rare.

395 Deux *Harpes à Stries* larges; deux

Cames ; un *Limas* en forme de Vis, rubané, & une *Muſcade*.

396 Deux *Foudres*; quatre *Harpes*, dont deux d'un beau travail, & d'une grande conſervation ; quatre *Rochers* de l'eſpece des *Oreilles*, deux grandes & deux petites.

397 Six petites *Harpes* de trois eſpeces différentes, bien conſervées ; un petit *Buccin à Tubercules* ; deux petites *Moules* de Papous. Ces neuf Coquilles ſont très jolies.

398 Deux *Buccins*, tous deux pendants ſans excroiſſance, ce qui eſt rare à cette Coquille. Une *eſpece d'Oreille* beaucoup plus rare que celle de Midas. Il ne faut pas la confondre avec une autre eſpece qui en approche beaucoup ; mais qui cependant n'eſt pas la même.

399 Deux autres *Buccins* pareils à ceux du N° précédent ; une *eſpece d'Ailée*, dont la robe eſt raïée alternativement de jaune & blanc, la bouche eſt doublée d'un rouge vif ſous ſon aîle, & d'un noir foncé ſur ſa volute.

400 Deux *Buccins aîlés* & à pointes ; leur dos eſt raïé de lignes noires ſur un fond couleur de chair ; leur bouche

est doublée d'un bel orange. Ces *Buccins* sont rares, & on ne les connoît que depuis très peu de tems. Ils ne sont point gravés.

401 Trois *Coquilles*, idem.

402 Un *Buccin*, & une *Aîlée*, pareils aux N° ci-dessus, avec une troisieme *Aîlée*, dont la tête fine & pointue forme une jolie vis.

403 Huit *Coquilles*, qui sont différentes especes d'*Aîlées*, dont une belle bouche noire.

404 Sept *Aîlées*, dont cinq petites & deux grosses; l'une des deux grosses est couleur de chair, & l'autre est jaune.

405 Seize Coquilles, dont une *Aîlée*; un *Buccin* rare, & un *Foudre*.

406 Un *Bois Veiné*; (M. d'Arg. Pl. 17, L. D.) un *Foudre*, une *Musique*, & un *Plein Chant*.

407 Un *Bois Veiné*; deux *Foudres*, & deux *Musiques*.

408 Une grande & belle *Musique*; (M. d'Arg. Pl. 17, L. F.) deux plus petites, couleur de chair: les Coquilles de cette espece, avec cette couleur, sont rares.

409 Deux Coquilles, à-peu-près de la forme de la *Musique*; trois *Musiques*,

dont une couleur de chair.

410. Deux beaux *Buccins aîlés*, tous deux d'eſpece différente; deux *Oreilles*, l'une celle de Midas, petite, bien conſervée, & ſans être dépouillée; l'autre beaucoup plus rare.

411. Deux grandes *Ecorchées*, très belles & bien conſervées; deux *Rouleaux* de différentes eſpeces; un Limaçon, nommé *le Perroquet*, (M. d'Arg. Pl. 9, L. C.) dépouillé, & d'un bel Orient; deux autres *Limaçons*, qu'on appelle *la Veuve* ou *le Petit Deuil*.

412. Une grande *Muſique*; un beau *Foudre*, de même grandeur; une *Bouche d'or*; une *Aîlée*, & un *Perroquet* dépouillé en partie.

413. Une *Muſique*; trois *Aîlées*, d'eſpece différentes; une *Conque*; un *Buccin* peu commun; une très belle *Moule*, & un *Perroquet* dépouillé en partie.

414. Quatre Coquilles de choix. Un très beau *Dauphin*; une *eſpece de Caſque* rare; une très belle *Moule*, & une *Ailée*.

415. Deux *Dauphins*, dont un d'une belle couleur rouge; leurs pointes & leurs bouches ſont bien conſervées;

une belle *Moule* dépouillée, & le même *Casque à pointes*, que celui du N°. précédent.

416. Un *Dauphin* : une *Bouche d'or* : une *Moule* dépouillée, & deux *Musiques*, dont une fort singuliere.

417. Deux *Moules*, dont une dépouillée : un *Buccin* : deux *Conques*, especes de *Tonnes* : une *Aîlée*, & deux *Pourpres* différentes.

418. Une grande *Argus* fort belle : trois autres *Porcelaines*, d'espece différentes : une belle *Oreille*, doublée de rouge : un *Damier* : une *Ecorchée*.

419. Sept Coquilles de même que celles du N°. précédent.

420. Un *Rocher*, espece d'*Araignée* : un *Œuf* fort gros : trois autres *Porcelaines*, d'especes différentes, & un Cornet, nommé l'*Aumusse*.

421. La Porcelaine, appellée l'*Œuf* : cinq autres *Porcelaines*, d'especes différentes, & un *Rouleau* marbré.

422. Sept Coquilles comme celles du No. 421.

423. Trente-trois petites Coquilles de différentes especes, dont une petite *Tête de Bécasse*, & des *Buccins*.

424. Une *Ecriture Chinoise* : un petit *Choux*, vif en couleur : une petite

Tuilée : un *Tigre* à bande jaune, aussi vif en couleur : un *Drap d'argent*, & un petit *Cornet*.

425. Dix huit Coquilles, dont un *Dauphin*, deux *Oreilles*, & plusieurs *Cornets*.

426. Un beau *Rocher*, *espece de Millepiés :* une *Tuilée*, dont le fond est orangé, & les feuilles d'un petit jaune : un *Damier :* une Porcelaine, nommée *la Neigeuse*.

427. Une grande *Tuilée :* un beau *Millepiés :* un *Damier*, & une *Porcelaine*.

428. Un gros *Choux*, bien marqué de taches rouges : un *Millepiés :* une *Couronne Impériale :* trois *Porcelaines*, d'especes différentes. En tout six Coquilles.

429. Une petite *Tuilée* jaune : une *Ecriture Chinoise :* une *Thiare :* un *Damier*. Ces quatre Coquilles sont très jolies.

430. Une petite *Tuilée*, la *Rape*, un *Œuf*, & un *Damier*.

431. Une grande *Araignée*, un *Choux*, un *Dauphin*, & quatre *Porcelaines*, d'especes différentes.

432. Six jolies Coquilles, une *Pourpre*, nommée *la Brûlée*, deux *Da-*

miers, d'eſpeces différentes, un *Drap d'or*, une *Chiure de Mouche*, & un joli *Rouleau* de la Chine.

433. Une grande *Chiure de Mouche*, deux *Papiers marbrés* d'une belle robe, une *Ecorchée*, deux *Rouleaux*, une *Oreille* doublée de rouge, & un *Foudre*.

434. Un *Nautile chambré*, avec ſon écorce marbrée, l'intérieur d'un autre de même eſpece, trois *Oreilles*, un *Manteau*, neuf *Operculum* épais, dont un très grand, & quatre *Operculum* minces : en tout dix-neuf Coquilles.

435. Deux *Limas* de forme allongée, peu communs ; un grand *Scorpion*, dont la bouche eſt très belle.

436. Trois grandes Coquilles ; la *Tuilée*, de cinq pouces de long ; (M. d'Arg. Pl. 26, L. E.) une grande *Araignée* ; une autre de même eſpece, dont les Pattes ſont moins allongées : ces deux dernieres Coquilles ont une très belle robe.

437. Une *Tuilée* d'un joli jaune, de quatre pouces de longueur ; un grand *Murex*, du nombre des *Millepiés* : ces deux Coquilles, qu'il eſt très difficile de trouver bien conſervées, ſont belles.

438. Deux autres *Tuilées*, aussi de couleur petit jaune, très bien conservées, & d'un volume égal.

439. Deux *Tuilées*, de deux especes.

440. Deux *Scorpions*, l'un mâle & l'autre femelle : ces deux Coquilles sont parfaites pour la conservation & la vivacité des couleurs de la bouche.

441. Une *Araignée* & un *Scorpion* ; elles ont toutes deux une très belle bouche, & une belle robe.

442. Deux Coquilles parfaites pour la conservation & les couleurs, l'une nommée l'*Araignée*, & l'autre du nombre des *Millepiés*.

443. Un très grand *Peigne*, nacré en dedans, de six pouces, sur cinq & demi ; une *Espece d'Oreille* : ces deux Coquilles sont peu communes, surtout le *Peigne*.

444. Une grande *Araignée*, une autre du nombre des *Millepiés*, une autre du même genre : ces trois Coquilles sont parfaites de couleur, & bien conservées.

445. Deux *Rochers*, nommés *Millepiés*, riches en couleur, de même grosseur ; il y a quelque différence dans la forme des *Pattes*, qui sont bien conservées à l'une & à l'autre.

446. Une *Araignée*, & deux Rochers, appellés *Millepiés*, d'especes différentes : ces trois Coquilles sont belles.

447. Une *Araignée*, quatre *Rochers*, du genre des *Millepiés*, & différens : ces cinq Coquilles sont fort belles.

448. Deux *Foudres*, l'un de quatre pouces & demi, l'autre de quatre pouces : ces deux Coquilles sont parfaites pour la beauté des couleurs qui varient dans chacune.

449. Deux *Foudres*, quatre *Harpes* ou *Cassendres*, de deux especes différentes, deux *Oreilles* : ces huit Coquilles sont des pendans deux à deux.

450. Une belle *Tuilée*, couleur de rose foncée ; une grande *Came*, à points d'Hongrie : ces deux Coquilles sont d'une grande beauté.

451. Une autre *Tuilée*, plus grande que celle du N°. précédent, dont les feuilles sont bien conservées ; elle est jaune & couleur de rose ; un *Nautile épais*, sans être dépouillé.

452. Une *Tuilée* toute jaune, & d'un grand volume ; un *Nautile*, sans être dépouillé.

453. Un très joli *Choux*, dont les couleurs sont de la plus grande vivacité ; & une *Came* à points d'Hongrie.

454. Deux *Cames* rares ; une *Came* du nombre des *Concha Veneris*, non épineux ; & un *Murex à Cloux*, d'un grand volume. (M. d'Arg. Pl. 18, L, E.)

455. Trois *Cames* fort belles, une autre appellée *Vieille ridée*, (M. d'Arg. Pl. 24, L. B.) une autre petite ; un *Limas* jaune, de l'espece des uniques, parceque sa bouche est tournée d'un sens opposé aux bouches ordinaires des *Limaçons* ; deux petites *Tonnes* très jolies, rubannées de blanc & de rouge ; deux *Opercules*, qu'on nomme *Nombril de Venus* : en tout dix Coquilles.

456. Un beau *Cœur de Venus*, (Pl. 26, L. D.) une *Came*, espece de *Concha Veneris*, non épineux, nommée la *Gourgandine* ; une *autre*, peinte en dedans, qu'on prétend servir de Cartes aux Chinois, & une jolie *Arche de Noé*.

457. Deux *Porcelaines*, dont une singuliere par son émail & sa pesanteur : une *Fausse Argus* : un *Crabe* chargé de *Glands de Mer*, avec leurs Opercules : en tout dix piéces.

458. Une *Porcelaine blanche*, nommée l'*Œuf*, un gros *Murex à Cloux*, une

Ecriture Chinoiſe, une *Ailée*, deux *Cœurs blancs*, en forme d'*Arche de Noé*, l'un à Tubercules, l'autre ſans Tubercules; l'un à bouche blanche, & l'autre à bouche noire : on a eu ſoin, en faiſant des pendans, de chercher le plus qu'on a pû quelque variété dans chacune.

459. Trois *Porcelaines*, l'une brune, tachetée de blanc, applatie par-deſſous, nommée le *Crapaud ;* les deux autres fond gris, tachetées de jaune, dont une a ſes dents ; quatre *Cames ;* un *Peigne :* en tout huit Coquilles.

460. Un *Cœur de Venus*, dont les bords ſont couleur de roſe : un autre *Cœur en Soufflet*, ſans excroiſſance, ce qui ſe trouve rarement : un *Cœur*, avec des feuilles à fond blanc, & des taches noires : cette derniere eſt très rare.

461. Le *Cœur de Venus en ſoufflet*, (M. d'Arg. Pl. 26. L. I.) Celui qu'on nomme *Cœur de Pigeon*, & un autre rare.

462. Un fort beau *Cœur*, appellé le *Choux*, (M. d'Arg. Pl. 26. L. H.) d'un beau volume : il a ſes feuilles bien conſervées ; une *Came cannelée*, grande, & d'une eſpece rare.

463. Cinq Coquilles, dont une *Con-*

que Persique de la rare espece ; un *Murex* aussi rare ; deux belles *Cames* à fond blanc, avec des mouches noires semblables à celles de l'hermine.

464. Une très grande *Ecriture Chinoise* ; une autre d'un travail différent ; une autre *Came*, d'un travail admirable.

465. La *Came en bec de Flute* ; (M. d'Arg. Pl. 24. L. L.) Cette *Came* est coupée naturellement par un de ses côtés, de façon qu'elle représente un *Bec de Flute* ; elle est doublée en dedans d'un beau violet, qui pénetre jusques par dessus : les angles de son bec sont garnis de petites pointes ; le côté opposé à ce bec, & le plus prolongé, a des stries feuillées ; une autre *Came* applatie, presque ronde & ouvragée dessus, comme l'*Ecriture Chinoise* : ces deux Coquilles sont fort rares.

466. La même *Came* que la derniere du N° précédent, & une autre à qui on donne le nom de *Came tuilée*, parce-qu'en effet elle est toute couverte de petites feuilles rondes, rangées à peu près comme les tuiles sur un toict : ces deux Coquilles sont bien conservées ; ce qui arrive rarement, sur-

tout à la *Came tuilée*, à cause de la délicatesse de ses feuilles.

467. Deux *Cœurs de Venus*, & celui en *soufflet*.

468. Un *Cœur de Venus* de couleur de rose pâle, & un petit *Peigne tuilé* rouge : ces deux Coquilles sont rares.

469. Un *Cœur de Venus*, & une *Came coupée en bec de flute*.

470. Une *Came en bec de flute* garnie de toutes ses feuilles, & de ses pointes, d'un beau violet en dedans, & un *Cœur en soufflet*.

471. Un *Concha Veneris* épineux ; la *Came en bec de flute*, doublée d'un très beau violet.

472. Un *Concha Veneris* épineux ; un *Cœur de Venus en bateau*, d'un grand volume, & un *Peigne* rouge, avec de petites lignes qui forment un dessein dessus.

473. Un *Concha Veneris* épineux ; une *Fraise* ; une *Came applatie*, aïant un dessein en zig-zag : elle est peu commune.

474. Une *Came applatie*, la même que celle du N° précédent : un *Cœur tuilé*, d'Amérique, rare à trouver bien conservé ; une *Fraise* d'un gros volume.

475. Huit jolies *Cames*, preſque toutes du genre des *Concha*, non épineux, & d'eſpeces différentes.

476. Une belle *Came*, polie & très vive en couleur : deux autres *Cames* peu communes, & un *Peigne rouge*.

477. Un *Concha Veneris*, non épineux : une groſſe *Fraiſe*; quatre *Cames*, dont deux difficiles à trouver.

478. Une grande *Moule* violette, avec des raïons blancs qui partent de la tête : cette Coquille eſt rare : une autre *Moule* ouverte des deux côtés, rare : un *Peigne* jaune : ſept *Cames*, dont quelques-unes fort jolies : en tout dix Coquilles.

479. Deux beaux *Buccins* blancs, avec des taches jaunes, placées régulierement, & un joli *Cornet* orangé avec un cordon blanc.

480. Une grande *Came*, appellée la *Furie*; une grande *Fraiſe*; Deux *Peignes* rares : une *Came* ouverte des deux bouts, rare : un *Cœur*, blanc & rouge ſur les bords.

481. Une *Ecriture Chinoiſe*, d'un grand volume, & d'un travail admirable : une *Came*, nommée la *Furie*; une autre *Came*, avec des raïons, & un *Peigne* rouge.

482. Une grande *Came* violette, avec des raïons blancs, & deux *Moules papiracées*, nommées les *Lanternes* : ces deux dernieres Coquilles sont très rares.

483. Deux *Moules* violettes, avec des raïons blancs, toutes deux de même grandeur, & deux autres Coquilles singulieres.

484. Deux *Buccins*, à peu près de même grandeur, annoncés dans la Conchyliologie de M. d'Arg. Pl. 12. L. R. pour être extremement rares.

485. Deux autres *Buccins ou Pourpres*, extremement rares, que nous n'avons point encore vus à Paris, & que nous ne connoissons point gravés ; ils ont trois côtés assez elevés, qui suivent les spires de la Coquille.

486. Deux *Buccins*, rares & gros pour leur espece : un *Radix*, du genre des *Tonnes* ; la forme est singuliere, elle approche un peu de la *tête de Bécasse* ; mais elle est plus coupée, & est surmontée d'un petit bouton.

487. Deux Coquilles, *espece de Figue*, rares & connues depuis peu de tems ; une *espece de Tonne*, nommée le *Radix épais* ; une grosse *Muscade*.

488. Un *Murex à pointes*, avec des cou-

leurs, & sans excroissance, quoique forte en volume, ce qui est rare; trois autres *Buccins*, de deux especes différentes & rares.

489. Quatre *Buccins*, de trois especes différentes & rares.

490. Quatre *Buccins*, pareils à ceux du N° précédent.

491. Six autres Coquilles, dont deux rares.

492. Deux *Boutons Chinois*, ou *de Camisolle*; une petite *Tuilée*; une *Chicorée brûlée*; une belle & grande *Moule*, citron & raïonnée, & un *Limaçon*.

493. Quatre belles Coquilles, deux nommées le *Cordon bleu*; toutes deux sont de même grosseur, mais l'une est dépouillée, & fait voir sa couleur bleue, & ses cordons; l'autre n'est point dépouillée, malgré cela elle est d'un beau poli, & d'une belle couleur olive, à travers de laquelle on distingue très bien ses cordons : ces deux Coquilles sont rares; un *Toict Chinois*, bien conservé; une *Peau de Serpent*.

494. Le *Cordon bleu*, il n'est point dépouillé, sa bouche est de la plus grande fraîcheur; un *Dauphin*, couleur de

de rose, (M. d'Arg. Pl. 9. L. H.) avec de grandes pointes.

495. Le *Cordon bleu*, non dépouillé ; Un gros *Limas tigré*, & d'un bel émail ; deux *Sabots Chinois*, d'une très belle robe, tous deux avec leur bouche & leurs dents, ce qui est rare.

496. Sept Coquilles ; trois *Limas*, dont deux volutés comme les *Cornets de S. Hubert* ; un autre de l'espece unique ; un autre d'un beau jaune, avec une ligne brune, & presque papiracé ; une espece *d'Eperon* ; un joli *Buccin*, moucheté ; deux petits *Limaçons*, bruns cannelés.

497. Quatre jolies *Nerittes*, de différentes especes ; trois *Limaçons* ; une *Peau de Serpent*.

498. Six Coquilles d'un beau choix ; un *Limaçon*, mince, jaune, avec une ligne brune qui suit sa volute ; deux belles *Nerittes*, l'une jaune & marbrée, l'autre cannelée blanche, avec des taches noires : on la nomme la *Grive*. (M. d'Arg. Pl. 10. L. B.) Un *Cornet de S. Hubert*, de l'espece rare, marqué de trois lignes, celle du milieu plus large ; un *Sabot Chinois*, bien conservé, avec sa bouche

& ses dents, ce qui se trouve difficilement; un gros *Limas*, dont la bouche est aussi bien conservée, & d'un bel émail blanc de lait; sa robe est jaune, tachetée de blanc.

499. Un *Cornet de S. Hubert*, de l'espece rare, avec sept lignes ou rubans sur sa volute, ce qui n'est pas ordinaire; un *Limaçon blanc*, marqué d'une petite ligne; quatre *Sabots Chinois grenus*, dont un d'un beau rouge; deux *Limaçons*, espece de bouche d'argent.

500. Un *Cornet de S. Hubert*, marqué de six lignes brunes; deux *Limaçons minces*, l'un petit jaune, avec une ligne blanche : l'autre de même espece, blanc, avec une ligne ou cordon brun; un autre *Limaçon jaune*, moucheté de blanc : six *Sabots Chinois grenus*, dont trois couleur de rose : en tout onze Coquilles.

501. Une *Peau de Serpent*; un *Cornet de S. Hubert*, à trois cordons bruns, un plus large au milieu des deux autres : un *Limas ra[illegible]iracé*, petit jaune, avec un cordon brun : un *Limas jaune*, moucheté de blanc : une belle *Nerite*; cinq *Sabots Chinois*, avec leur robe, dont un rouge : en tout dix Coquilles.

502. Trente-une Coquilles de différentes especes, dont plusieurs jolies. . .

503 Six *Oreilles* ou *Ailées*, avec de belles robes, & treize *Limaçons*, de différentes especes.

504. Six grosses Coquilles, savoir, un *Sabot Chinois*; une *Bouche d'or*; une *Bouche d'argent*; un *Burgeau*; une *espece de Perroquet*; & un *Eperon*.

505. Six autres grosses Coquilles; deux grandes *Bouches d'argent*, de deux especes différentes, l'une avec des cloux, & l'autre sans cloux; une *Bouche d'or*, d'une très belle robe: deux *Sabots Chinois*, aussi avec leur robe: un gros *Limas à Peau de Serpent*, (M. d'Arg. Pl. 9. L. C).

506. Une *Bouche d'or*; une *Bouche d'argent*; un beau *Burgeau*; un *Perroquet*, & deux *Limaçons*.

507. Cinq Coquilles parfaites, qui sont; une *Bouche d'or*; (M. d'Arg. Pl. 9, L. D.) une *Bouche d'argent*; (M. d'Arg. Pl. 9, L. G.) deux *Peaux de Serpent*, de même grosseur, & dont le travail est différent; un *Dauphin* à petites pointes: cette espece n'est pas commune. Ces *Limaçons* sont d'un gros volume.

508. Cinq *Limaçons* bien conservés, &

d'un beau volume; ſavoir, une *Bouche d'or;* un fort beau *Toict Chinois;* (M. d'Arg. Pl. 11, L. A.) deux *Peaux de Serpent*, d'une même groſſeur; cette eſpece varie à l'infini pour le travail & les couleurs; auſſi parmi tous les *Limaçons* de cette eſpece, qui ſe trouvent dans cette Collection, on avoit eu ſoin de réunir toutes les variétés que l'on avoit rencontrées.

509. Deux *Peaux de Serpent*, de même groſſeur, d'un travail différent; un beau *Burgeau* très bien conſervé; un gros *Limaçon*, d'un beau poli, & dont la forme reſſemble beaucoup à celui qu'on nomme les *Teſticules;* un *Toict Chinois.*

510. Deux *Peaux de Serpent;* un *Toict Chinois;* un *Limaçon* pareil au dernier, du N° 509, & une *Bouche d'argent.*

511. Un *Peigne*, nommé le *Bénitier*, il eſt d'un grand volume, le deſſus eſt d'un beau deſſein, le deſſous eſt brun; une grande *Oreille de Midas*, ſans être dépouillée, & une *Came* fort rare.

512. Cinq *Nérittes* toutes différentes; celle nommée *la Grive;* deux beaux *Limaçons*, dont un applati, avec deux

dents à sa bouche : on met cette derniere Coquille au nombre des Lampes.

513. Trois belles *Nerittes*, dont une *Quenotte saignante* ; (M. d'Arg. pl. L.) un beau *Limas* jaune, tacheté de blanc : un autre *Papiracé* avec un cordon d'un beau brun : un *Limaçon applati*, peu commun, tranchant par ses bords, que l'on met au nombre des lampes ; celui-ci n'a point de dents à sa bouche.

514. Un *Limaçon papiracé* de couleur petit jaune avec un cordon brun : un *Dauphin* d'un rouge vif ; quatre *Nerittes*, un beau *Limas* ; en tout sept Coquilles.

515. Un *Dauphin*, (M. d'Arg. pl. 9. L. A.), tirant sur la couleur de rose : deux *Limaçons applatis*, que l'on met au nombre des Lampes. L'on a mis ensemble ces deux Coquilles, qui sont rares, pour en faire reconnoître la différence, l'une a deux dents à sa bouche, & l'autre n'en a pas ; celle qui a des dents, a ses bords plus arrondis, & l'autre les a tranchants, ce qui caractérise bien les deux espéces.

516. Un gros *Dauphin* bien conservé, avec des pointes, & trois *Nerittes*,

dont une fort rare & toute blanche, cannelée & grenue sur ses cannelures.

517. Un *Limaçon*, qui ressemble beaucoup à celui que M. d'Argenville appelle *Œil de Bouc*; quatre belles *Nerittes*, dont une cannelée; un *Limas* olive en forme de Vis, & un *Cadran*.

518. Un beau *Dauphin*, un *Cadran* vif en couleur & dont les bruns sont bien détachés; un *Limas*, espece de bouton brun & couleur de rose, à bouche double.

519. Un *Limaçon blanc*, sans dents, du nombre des Lampes; deux *Quenottes saignantes*, trois belles *Nerittes*, trois *Limaçons*.

520. Dix *Limaçons*, dont un *Cornet de Saint Hubert*, de l'espece rare; une belle *Quenotte saignante*; plusieurs *Nerittes*.

521. Trente *Limaçons* de différentes especes, dont trois nommés le *Maron rôti*. (M. d'Arg. pl. 9. L. L.)

522. Un beau *Limaçon* brun avec un cordon blanc; plusieurs belles *Nerittes*, d'une belle robbe, dont une blanche & couleur de rose; un petit *Mammelon* blanc; en tout onze Coquilles.

523. Quatorze Coquilles d'une moïenne grandeur, toutes d'un joli choix, dont deux petits *Cadrans* d'especes différentes ; un petit *Limaçon applati* ; un autre blanc avec des taches brunes distribuées par cordons réguliers, & plusieurs *Nerittes*. | 3 . 13

524. Sept Coquilles choisies ; savoir, Un petit *Dauphin*, dont les pointes sont très allongées & bien conservées ; deux *Boutons de la Chine* : (M. d'Arg. pl. 11. L. L.), nommé *Boutons de Camisolles* ; deux belles *Nerittes*, & deux *Sabots Chinois grenus* & d'un beau rouge. | 13 . 4

525. Un *Dauphin* parfait pour les pointes & sa bouche ; deux *Boutons de Camisolles*, deux *Limas*, d'une très belle robbe brune & blanche ; deux *Sabots Chinois* grenus & d'un rouge vif ; en tout sept Coquilles. | 10 . 4

526. Quatorze Coquilles, dont deux *Dauphins* ; il y en a un très beau ; deux *Boutons de Camisolle*, un *Toict Chinois*, un *Sabot grenu* de la Chine, un beau *Limas*. | 10 . 16

527. Dix Coquilles, dont deux *Cadrans* ou *Escaliers*, de deux couleurs différentes ; un *Limaçon applati*, blanc avec des cordons bruns ; un petit | 9

Perroquet d'un verd vif.

528. Deux *Cadrans*, de deux especes & couleurs différentes ; un beau *Limaçon applati* avec des cordons bruns & six autres *Limaçons*.

529. Deux *Cadrans* de deux couleurs différentes, & neuf *Limaçons* différens.

530. Vingt-une Coquilles, dont une *espece d'Eperon*, trois *Cadrans*, deux petits *Limaçons* blancs, tachetés de brun.

531. Dix-huit Coquilles, dont entr'autres, quatre *Cadrans* différents & plusieurs *Neritter*.

532. Vingt-deux Coquilles, dont un beau *Peigne* jaune, deux *Cadrans* & plusieurs *Neritte*.

533. Seize Coquilles ; entr'autres, une *Came, coupée* & raïonnée ; un *Mammelon* blanc ; deux grandes *Oreilles de Mer*, une dépouillée, & l'autre de couleur jaune & verte, &c.

534. Un très gros *Dauphin* ; une *Nautille épaisse* avec sa robbe ; deux gros *Limas*, trois grandes *Oreilles de Mer*, de deux différentes especes, & un *Manche de Couteau*, de l'espece la moins commune.

535. Un grand *Sabot Chinois* avec sa robe

robbe blanche, brune & couleur de rose : (M. d'Arg. pl. 11. L. C.). Un joli *Burgeau* avec sa robbe marbrée ; deux gros *Limas* différens ; deux *Oreilles de Mer*.

536. Une espece d'*Oreille*, sans trous, grise, cannelée, & de la forme des *Mammelons*. L'intérieur cependant est bien différent, & il ne faut pas confondre ensemble ces deux especes ; celle-ci est rare : deux *Mammelons*, l'un jaune avec le petit bout, blanc de lait, peu commun ; trois *Oreilles*, d'une robbe différente & vive en couleur ; en tout six Coquilles.

537. Un très beau *Limas*, vif en couleur, & d'un gros volume : (M. d'Arg. pl. 10. L. A.) avec son opercule blanche, platte, cannelée & rare ; trois *Mammelons*, dont un tout blanc, l'autre d'un beau jaune, avec le petit bout, blanc ; le troisieme est d'une forme plus applatie, brun & le petit bout, blanc : deux *Oreilles de Mer* avec une belle robbe.

538. Huit *Limaçons*, tous de choix, un entr'autres avec son opercule, rare à trouver.

539. Trois jolies *Nerittes* ; une espece de *Mammelon* ; un beau *Limaçon* ap-

plati; un autre *Limaçon* avec un cordon blanc sur le dos ; (Rumphius pl. 22. L. D.) un autre tout blanc.

540. Sept Coquilles d'un beau choix ; savoir, un *Limas* brun avec un cordon blanc ; deux *Mammelons*, dont un brun d'une forme applatie, & le petit bout, blanc ; une *Neritte* noire & blanche ; un *Limaçon* jaune & blanc ; deux *Oreilles de Mer* avec leurs robbes.

541. Six *Limaçons*, tous différens dont quelquesuns peu communs ; deux petites *Oreilles de Mer* ; une très belle *Came* : en tout neuf Coquilles.

542. Quatre *Buccins*, dont la *Grimace*, (M. d'Arg. pl. 12. L. H.) : trois autres d'especes différentes, rares.

543. Quatre autres *Buccins*, dont la *Grimace*, l'*Yvoire*, (M. d'Arg. pl. 12. L. G.) : les deux autres sont rares.

544. Un *Buccin* que M. d'Argenville marque (pl. 12. L. A.), & qu'il dit fort rare ; un autre à grandes pointes encore plus rare.

545. La Coquille nommée la *Premiere*, deux *Buccins* rares : (pl. 12. L. D. M. d'Arg.).

546. Quatre Coquilles ; un *Buccin* jaune, nommé l'*Yvoire*, un autre à tubercules ; (M. d'Arg. pl. 22. L. D.),

l'*Aveline*(pl. 12. L. T.); il a des dents des deux côtés de la bouche : il est bien conservé & peu commun, & un autre *Buccin* raïé.

547. L'*Yvoire*, l'*Aveline*, & deux *Buccins* raïés, très beaux.

548. Cinq Coquilles, dont l'*Yvoire* & l'*Aveline*.

549. Trois jolis *Buccins*; une espece de *Fuseau*, (M. d'Arg. pl. 13. L. H.) peu commun; deux aîlées, dont une grande : une *Cordeliere*; en tout sept Coquilles.

550. Un gros *Buccin* chargé d'un gland; un *Fuseau* de même espece que celui du No 549, &c. en tout sept Coquilles.

551. Une grande *Tiare*, (M. d'Arg. pl. 12. L. E.) de cinq pouces de longueur, vive en couleur, très bien conservée même jusqu'à la petite pointe, (même planche L. C.).

552. Deux Coquilles de même que celles du No. précédent.

553. Les deux mêmes Coquilles en pendants, de près de quatre pouces chacune de longueur, toutes deux parfaites.

554. Deux *Idem*, aussi en pendants, de quatre pouces, & parfaites.

555. Quatre *Caſques* de deux eſpeces différentes ; deux *Bulles d'eau* avec des lignes qui ſuivent la volute ; ces ſix Coquilles ſont parfaites.

556. Deux très beaux *Caſques à pointes* ou *Cloux*, qu'on nomme *Caſques lardés* (M. d'Arg. Pl. 18, L. H.), d'un très beau bleu & marqués réguliere-ment dans leur contour, de lignes griſes : ces deux Coquilles ſont d'une grande perfection & rares de cette couleur ; deux *Tonnes légeres* ou *papiracées*, l'une blanche nommée *la Bulle d'eau*, l'autre griſe, marquée d'une ligne brune ; ces quatre Coquilles ſont très belles.

557. Deux *Figues*, d'un travail différent, d'une belle couleur & qui ſont pendants ; deux *Tonnes papiracées*, l'une blanche, l'autre griſe, avec des lignes brunes.

558. Cinq Coquilles, dont deux *Figues*, & deux *Bulles d'eau*, d'eſpeces différentes, une eſt ſerrée du côté de ſon ouverture & plus ouverte de l'autre.

559. Deux *Figues* & une *Muſcade*, toutes trois très groſſes pour leur eſpece.

560. Deux *Figues* très groſſes & deux

Bulles d'eau, de deux couleurs & especes différentes.

561. Six Coquilles, savoir; une *Figue* parfaite en couleur, trois *Buccins*, dont deux rares, & deux *Muscades*, de couleur différentes.

562. Deux belles Coquilles, (M. d'Arg. Pl. 18, L. G.), especes de *Casques hérissés* à pointes, de couleur de bois. Ces deux Coquilles, qui se trouvent difficilement bien conservées, sont parfaites.

563. Trois *Rochers* différens, & un *Buccin*, peu communs.

564. Deux *Conques de Triton*, vives en couleur; une grosse *Cordeliere*, & deux autres *Buccins*.

565. Trois *Figues* (M. d'Arg. Pl. 20, L. G.) toutes trois d'especes différentes & belles en couleur; une *Tonne*, appellée le *Radix* : cette Coquille est papiracée : (M. d'Arg. Pl. 20, L. K.).

566. Deux *Buccins* fort rares, un marqué dans M. d'Arg. Pl. 13. L. B. l'autre, planche 13. L. M.

567. Deux Coquilles pareilles à celles du No. précédent.

568. Un *Buccin* triangulaire; un autre *Buccin* allongé, en forme de *Vis*, rare,

un petit *Buccin*, nommé la petite *Tiare*, percée naturellement de petits trous imperceptibles.

569. Dix Coquilles, d'especes différentes, dont deux *Robbes Persiennes*, une *Cordeliere* & une *Tiare*.

570. Un beau *Chou*; une Came, nommée *la Corbeille*, ou *la Tricottée* (M. d'Arg. pl. 12. L. G.); elle n'est pas commune : un *Cœur de Venus en bateau* : les Cœurs de Venus ne sont pas communs, mais ceux en bateau le sont beaucoup moins.

571. Un autre *Cœur de Venus en bateau*, très recourbé; une jolie *Arche de Noé*; une très belle *Came*, d'un beau travail en dessus, & d'une belle couleur en dedans; un *Buccin* blanc & rare,

572. Une *Conque persique*, de la rare espece; un *Murex à Cloux*, aussi rare, & un *Limaçon* jaune, de l'espece des uniques : (M. d'Arg. pl. 12. L. G.); cette Coquille est rare; elle a sa contrepartie; c'est-à-dire, un autre Limaçon jaune, qui a sa bouche tournée de gauche à droite. Ce n'est pas le Buccin qui fait pendant dans la même planche 12. L. G.; ce Buccin se nomme l'*Yvoire*.

573. Six Coquilles, savoir; deux gros-

ſes *Cames à Stries* différentes, toutes deux marbrées ; deux autres plus petites, d'une autre eſpece, d'un très joli deſſein en point d'Hongrie, deux *Limaçons*, auſſi d'eſpece différente, du genre des uniques.

574. Un *Cœur de Venus* ; un *Limaçon* jaune, du genre des uniques. Un grand *Cœur de Bœuf* d'Amérique, d'un blanc ſale avec des taches jaunes & brunes ; le dedans eſt rouge. (M. d'Arg. pl. 26. L. M.) ; un autre petit *Cœur de Venus*.

575. Un fort fort joli *Cœur de Venus*, conſervé avec avec toutes ſes pointes autour, ce qui ſe trouve rarement ; un *Cœur tuilé* d'Amérique, il eſt marbré & a toutes ſes feuilles bien conſervées ; ce qui ſe trouve difficilement : un autre *Cœur* blanc, en forme d'*Arche de Noé* ; il a une ſingularité, un de ſes côtés avance par-deſſus l'autre, quoique les deux parties ſoient bien le deſſus & le deſſous.

576. Un *Cœur de Venus*, un *Concha Veneris* (M. d'Arg. pl. 24. L. I.), dont les pointes ſont fort longues ; un beau *Limas*, en forme de *Vis*, du genre des Rubannés : ſes couleurs ſont très vives, & il eſt de l'eſpece la plus rare.

577. Onze Coquilles, ſavoir, un petit *Cœur de Venus*, deux jolis *Buccins* aîlés : deux *Cames*, espece de Cœurs, l'un petit & blanc, l'autre plus grand riche en couleur dans ſon intérieur ; il a la ſingularité, qu'un de ſes côtés reſte ouvert, comme la moule, qu'on nomme *Lanterne*.

578. Quatre *Limas*, en forme de *Vis*, qui ſont, deux Rubans de la plus rare eſpece, & deux du genre des uniques; ces Coquilles font pendants.

579. Deux très beaux *Buccins* rares, dont celui marqué dans la Conchiliologie: (Pl. 13. L. B.), & celui qu'on nomme *Triangulaire*, d'un grand volume.

580. Deux autres pareils à ceux du No précédent.

581. Deux *Murex*, eſpece de *Grimace*; une très belle *Pourpre*; un petit *Murex à Cloux*; un petit *Lépas*, fort joli.

582. Trois gros *Buccins* & un *Murex à Cloux*, à fond blanc, avec des taches canelles.

583. Quatre *Buccins*, d'eſpeces différentes, dont deux peu communs; une Pourpre, nommée la *brûlée*, & une jolie *Came*, dont le travail reſſemble à des caracteres Chinois.

584. Dix-sept petits *Buccins*, d'un joli choix & presque tous différens ; deux entr'autres sont très rares & méritent d'être remarqués ; ils ont la forme d'une petite Tonne avec trois cordons élevés, qui tournent sur leur volute.

585. Vingt-trois *Buccins*, presque tous de différentes especes, & dont quelques uns sont peu communs.

586. Deux beaux *Murex à Cloux*, d'especes différentes, & une très grosse *Tête de Bécasse*, parfaite pour la beauté des couleurs, & la vivacité du rouge de sa bouche.

587. Trois gros *Murex à Cloux*, celui marqué dans (M. d'Arg. pl. 18. L. E.), & deux autres, l'un blanc & l'autre noir ; ces trois Coquilles ne sont pas communes.

588. Un *Buccin à tuiaux*, fort rare ; sa forme est fort irréguliere, il est gravé dans M. d'Arg. Pl. 12. L. A. & un *Murex à Cloux*, très bien conservé.

589. Trois *Pourpres*, toutes trois différentes ; deux *Murex à Cloux*, aussi différens.

590. Une *Tête de Bécasse*, fort belle ; une *Pourpre* ; & deux *Murex à Cloux*, tous deux rares

591. Quatre *Buccins* ; deux *Murex* & *Cloux* ; une *Pourpre*, nommée la *brûlée*. Ces sept Coquilles sont toutes parfaites & d'un très beau choix pour la conservation & la vivacité des couleurs.

592. Neuf *Rochers*, du genre des Oreilles, de deux especes différentes ; neuf *Pelures d'oignon*, qui toutes sont jaunes & couleur de rose ; six *Olives*, & trois *Glands de Mer* ; en tout vingt-sept Coquilles.

593. Deux *Casques à tête couronnée*, ils sont pendants : le travail qui se trouve dessus, les fait nommer *Casques tricottés* ; deux autres, aussi pendants à fond gris, raïés de bandes jaunes ; ces quatre Casques sont beaux : un gros *Gland de Mer*, couleur de rose ; une fort jolie *Came*. Nous n'osons pas assurer que ce soit les deux parties *.

594. Trois petits *Buccins à oreilles*, d'especes différentes & parfaits ; deux petits *Buccins à côte*, sans oreilles ; une *Porcelaine tigrée*, ces six Coquil-

* Nous avons mis au rebut toutes les Bivalves que nous avons cru n'avoir pas les deux parties. Celles sur lesquelles nous avons des doutes, nous ne manquerons pas de l'annoncer.

les ne ſont pas communes.

595. Deux *Caſques*, gros pour leur eſpece, dont un eſt poli ; ils ſont pendants ; on les nomme *Bézoards* ; un autre petit *Caſque*, avec un cordon ſur le dos ; deux petits *Buccins*, & un *Murex* avec des *pointes allongées*, fort rare : ces ſix Coquilles ne ſe trouvent pas aiſément.

596. Quatre *Pourpres*, de différentes eſpeces ; quatre *Olives* ; (M. d'Arg. Pl. 22 L. C.) une *Pelure d'oignon* ; un *Gland*, vif en couleur, groupé ſur un des côtés de la Coquille, qu'on nomme la *Feuille*.

597. Pluſieurs *Moules*, de différentes eſpeces ; deux *Oreilles* & un *Rocher* ; en tout dix-ſept pieces.

598. Onze *Moules*, de différentes eſpeces, dont quelques-unes polies.

599. Une grande *Moule*, (M. d'Arg. Pl. 25. L. P.) violette, du genre des *Pholades*, de quatre pouces de longueur ; elle a quatre raïons blancs, qui partent de ſa charniere : cette Coquille n'eſt pas commune. Deux autres *Moules*, auſſi violettes ; la couleur du dedans eſt auſſi vive que celle de la *Magelanne*, l'une des deux porte ſur elle un Gland d'un beau violet raïé.

600. Deux *Harpes*, d'un beau travail, un petit *Rocher camelé*; cinq *Moules*, dont une très grande de Papoue, en tout huit Coquilles.

601. Treize Coquilles, dont deux *Oreilles*, ou *Aîlées*, d'une fort belle couleur de chair.

602. Plusieurs Coquilles de différentes especes.

604. Quinze Coquilles, entr'autres deux *Buccins* fossilles, & un petit *Nautile Chambré*.

605. Un Carton rempli de différentes Coquilles.

606. Deux gros *Limas*; deux *Foudres*; deux *Cœurs* blancs; & autres.

607. Une Boëte de Coquilles.

608. Neuf Coquilles, dont un *Buccin*, scié proprement dans sa longueur, pour en examiner l'intérieur.

609. Des *Pétrifications*, & *Mines*.

610. Un très gros *Burgeau*, dépouillé, & d'un bel orient; la même Coquille avec sa robe, d'un beau verd; un *Casque*, peu commun; un *Sabot Chinois* dépouillé, & une moitié de *Mere perle*, fort grande, dépouillée & d'une belle nacre.

611. Une très grande *Tuilée*, d'un pied sur huit pouces : ce volume n'est pas

commun. Nous n'osons pas assurer que ce soit exactement le dessus & le dessous, quoique les deux charnieres paroissent se bien rapporter : cette Coquille est la même que celle des Bénitiers de Saint Sulpice.

612. La même Coquille, beaucoup plus grande ; elle a 16 pouces de long sur dix de large. Ce volume passe par conséquent de beaucoup l'ordinaire ; ses deux parties sont bien le dessus & le dessous, ainsi elle peut entrer dans un Cabinet ; elle peut outre cela faire deux très beaux Bénitiers.

613. Un très grand *Nautile chambré* & dépouillé ; sa nacre est couverte d'un beau travail, une partie a été mise au jour avec beaucoup d'art ; sur la partie la plus évasée, on a gravé quatre médaillons, le premier représente les Amours de Venus & d'Adonis ; le second, Thézée descendu du cheval Pégaze, qui coupe la tête de Méduse ; les deux autres représentent des Païsages Indiens ; au pourtour des médaillons, il y a de très jolis ornemens, ornés de différens feuillages.

614. Un autre grand *Nautile*, aussi dépouillé. On a ménagé dans celui-ci l'écorce, de façon qu'elle forme un

dessein agréable sur la nacre où sont quatre médaillons gravés avec beaucoup de finesse ; le premier représente l'entrée des animaux dans l'arche avant le déluge ; le second, le déluge ; le troisieme, l'arche sur le haut d'une montagne, une partie de la Terre découverte ; dans le quatrieme Noé & sa famille, qui font à Dieu un sacrifice.

615. Un grand *Nautile* dépouillé ; un *Nautile papiracé*, & un très gros *Sabot Chinois*.

616. Trois grosses Coquilles, de même que les précédentes.

617. Quatre Coquilles, très grandes ; savoir, un *Jambonneau* ; un *Casque tricotté*, & deux *Buccins aîlés*, de deux especes différentes.

618. Une espece de *Tonne*, que quelques-uns appellent *Char de Neptune* ; elle a onze pouces : un gros *Casque* & un *Buccin* blanc ; ces trois Coquilles sont grandes & peu communes

619. Un très grand *Buccin*, à qui on donne le nom de *Conque de Triton* ; & le *Casque de la Mer rouge*, appellée *le Turban*.

620. Trois Coquilles d'un très gros volume ; savoir, un *Buccin* ; la contre-

partie de l'*unique* ; une espece de *Tonne*, nommée *Tasse de Neptune* ; ces deux Coquilles sont bien conservées. Un autre *Buccin* blanc, fort pesant & travaillé.

621. Trois Coquilles de même que celles du No précédent, la seule différence est que le Buccin blanc n'est pas travaillé.

622. Un très gros *Casque* ; deux grandes *Conques de Tritons*, d'une belle robe, & une très grande *Huitre*, nommée la *Mere perle*.

623. Deux Coquilles, d'un très gros volume ; un *Casque*, nommé le *Turban*, & une très grande *Tonne*, ou la *Tasse de Neptune*.

624. Un *Casque*, appellé le *Turban* ; un gros *Rocher aîlé* & fort pesant, peu commun ; la *Tasse de Neptune*, & une très grande *Oreille de Mer*.

625. Neuf Coquilles, d'un gros volume, dont la *Tasse de Neptune*, & deux *Sabots*.

626. Vingt-trois Coquilles, parmi lesquelles se trouvent plusieurs *Vis*, des *Sabots Chinois*, la *Mître*, la *Tiare*, & autres.

627. Plusieurs *Cornets*, *Buccins*, *Sabots*, une *Musique*, & autres: en tout vingt-quatres Coquilles.

628. Vingt-quatre Coquilles, entr'autres la *Chiure de Mouche*; une petite *Tiare*; deux *Sabots Chinois*; deux *Harpes*, &c.

629. Soixante Coquilles, de différentes especes.

630. Un beau *Rocher*, bien conservé, & d'une belle robe, nommée *Mille-pieds*; trois *Oreilles*, d'especes différentes : un *Sabot Chinois* rouge; & une *Harpe*.

631. Six Coquilles, de même que celles du No précédent.

632. Six Coquilles, *idem*.

633. Quatre *Oreilles*, de deux especes différentes, & dans chaque espece l'une est mince, & l'autre à bord épais. Un *Rocher* blanc, & d'une espece peu commune; une *Porcelaine*, le *Navet* & un *Rouleau pourpre*.

634. Un *Cadran* ou *Escalier*; un *Dauphin*; un *Damier*; une *Brunette*; une *Chiure de Mouche*; une *Porcelaine*, appellé *la Neigeuse*; une *Aîlée* doublée de rouge.

635. Six jolis *Cornets*; une petite *Tiare*; une *Chenille*, & plusieurs *Buccins*; en tout quatorze Coquilles.

636. Dix-sept Coquilles, dont plusieurs *Draps d'or*; une petite *Tiare*; un *Cadran*.

637. Vingt Coquilles, dont deux gros *Rochers*, peu communs : plusieurs *Cornets*, &c.

638. Une *Brunette*; le Buccin, nommé l'*Yvoire*; quatre *Porcelaines* différentes, & quatre *Rouleaux* différents; dont un *Drap d'or*.

639. Neuf Coquilles ; savoir, deux belles *Olives*, peu communes, la *Minime*; une belle *Brunette*; le Cornet, appellé *Navet*; un *Damier*; un *Drap d'or* ; un beau *Limas* jaune, avec des mouches blanches; une grosse *Muscade*.

640. Vingt Coquilles, entr'autres plusieurs *Cornets*, dont quelques-uns peu communs : six *Olives* ; deux *Foudres*; un *Casque à Cloux*, avec une bande bleue, sur un fond blanc.

641. Une *Mître* ; plusieurs *Cornets* de choix ; deux *Chenilles* : en tout dix-neuf Coquilles fort jolies.

642. Neuf Coquilles ; savoir, deux *Buccins*, peu communs, un *Damier*; une grosse *Muscade* ; une *Peau de Serpent* ; deux autres beaux *Limaçons*, & deux *Porcelaines*.

643. Une belle *Peau de Serpent* ; un autre *Limaçon* ; deux *Figues*, d'especes différentes ; une grosse *Muscade*

& une *Olive*, avec des caractères qui forment deux cordons ſur ſa robe, ce qui ne ſe trouve pas aiſément : en tout dix Coquilles.

644. Pluſieurs *Cornets*, *Caſques*, *Limaçons*, *Porcelaines* ; un *Tigre* à bandes jaunes ; une *Peau de Serpent* ; en tout vingt-ſept Coquilles.

645. Trois *Conques de Tritons* ; un *Caſque* ; quatre *Burgeaux*, dont un dépouillé, ces huit Coquilles ſont fort groſſes.

646. Trois Coquilles, d'un très grand volume : ſavoir, une *Pourpre* griſe, dont la bouche eſt d'un beau rouge : un *Caſque turban*, un *Damier* très gros.

647. Quinze Coquilles, dont une *Tête de Bécaſſe* ; un *Drap d'or* ; un *Brocard de Soie* ; un *Cadran* ; pluſieurs *Olives* & autres

648. Une *fauſſe Aîle de Papillon* ; une *Figue* ; un Buccin, nommé l'*Yvoire* ; quatre *Olives* ; une *Pourpre* noire, un *Sabot Chinois*, rouge & blanc, &c. : en tout ſeize Coquilles.

649. Vingt-cinq Coquilles différentes, dont pluſieurs fort jolies.

650. Dix-neuf Coquilles, dont un *Nautile papiracé* ; un gros *Limaçon* à

bouche applatie : une *Bouche d'or* ; une *Figue* ; un *Perroquet*, d'un beau verd : plusieurs *Olives* & *Nerittes*, dont une à quenottes saignantes.

651. Une *Peau de Serpent* ; une grosse *Olive*, de couleur verte, trois autres différentes ; un *Cadran* ; un *Buccin* cannelé, peu commun : deux belles *Nerittes* à quenottes saignantes ; une *Figue* ; un *Manche de Couteau* ; une *Bouche d'or*, & une *Porcelaine* ; en tout treize Coquilles.

652. Quatorze Coquilles, qui sont, un *Nautile papiracé*, cinq *Olives*, un *Cadran*, un *Buccin*, deux *Limaçons*, un brun, & l'autre jaune ; deux *Perroquets* d'une belle robe, un *Manche de Couteau*.

653. Un petit *Nautile papiracé*, un *Cadran*, cinq belles *Olives*, un petit *Radix*, une *Muscade*, une petite *Came*, un *Mamelon* blanc, deux petites *Vieilles ridées*, un beau *Limaçon* jaune, & une *Massue*.

654. Une grosse *Bulle d'Eau*, une grosse *Muscade*, un *Cadran*, onze *Olives* différentes, & plusieurs *Nérittes*, dont deux Saignantes : en tout vingt-quatre Coquilles.

655. Huit Coquilles, qui sont, la *Mu-*

sique, le *Plein-Chant*, deux *Foudres*, deux *Harpes*, un *Casque*, & une *Oreille*.

656. Huit Coquilles comme celles du N°. précédent.

657. Deux *Pleins-Chants*, deux *Foudres*, deux *Harpes*, deux *Ecorchées*, & un *Casque*.

658. Neuf autres Coquilles, *idem*.

659. Trois *Harpes* d'especes différentes, entr'autres la *Nobilis*, trois *Foudres*, un joli petit *Casque*, & un *Sabot Chinois*.

660. Trois *Casques*, une *Tonne*, deux jolis *Buccins*, deux *Harpes*, un *Foudre*, & une petite *Musique*.

661. Trois *Harpes* d'especes différentes, deux *Foudres*, un joli *Casque*, un *Sabot Chinois*, le *Navet*, &c. en tout douze Coquilles.

662. Trois *Foudres* de trois couleurs, dont un jaune peu commun; une *Ecorchée*; trois petits *Buccins*, & une *Massue*.

663. Deux *Ecorchées*; une *Mitre*; quatre *Buccins*, dont un triangulaire; deux *Moules* d'especes différentes: en tout quatorze Coquilles.

664. Dix-neuf Coquilles de différentes especes.

665. Deux *Huitres Epineuses* de Malthe, groupées ensemble, d'une façon très agréable ; le dessus de ces deux Huitres est pourpre, le dessous de la grande est blanc, & celui de la petite est jaune & garni de feuilles au lieu de pointes : ces deux différences rendent cette Coquille estimable, ce qui n'est pas aisé à trouver. [48 1]

666. Un autre Groupe de deux *Huitres Epineuses*, aussi de Malthe. [60]

667. Une très grande *Huitre Epineuse* de Malthe, le dessus est d'un beau pourpre, elle porte des Tubes vermiculaires ; une petite *Huitre Epineuse* & une petite *Moule*, le dessous est blanc, elle a aussi un Tube vermiculaire d'espece différente de ceux qui sont dessus, & une production Marine, nommé l'*Œillet*. [36 6]

668. Une Pierre de *Jade*, en forme de coin, d'environ quatre pouces : ces Pierres servent aux Sauvages, ou pour fendre leur bois, ou pour armes, en l'attachant au bout d'un bâton ; deux morceaux d'*Ambre* jaune, dans lesquels on voit des Insectes ; une *Tabatiere de Porcelaine*, en forme de Coquilles ; trois *Plaques d'Agathe*, deux *Fruits*, dont un pétrifié. [10 4]

669. Cent quarante-neuf feuilles de Coquilles ; elles sont peintes avec beaucoup d'art, par un Hollandois, qui est très habile en ce genre : cet Article sera divisé en douze parties.

670. Un très bel Herbier, intitulé *Phytantoza-Iconographia, sive conspectus aliquot millium &c.* en cinq volumes, grand *in-folio*, reliés en Veau, le tout enluminé très proprement ; chaque feuille est ajustée dans un joli passe-partout.

FIN.

ARTICLES OMIS.

N°. 138. DEux *Splandium*, de même grandeur. Ces deux Coquilles [illegible] émail vif & sans excroissance. 72-5

[illegible] Trois [illegible] canellées, l'une à bouche épaisse, les deux autres à bouche mince ; deux *Muscades* d'un très gros volume. 5
[illegible] Coquilles sont bien conservées.

[illegible] Une Boite de Coquilles. 4-19

[illegible] Des Semences de Coquilles de différentes especes. 8

[illegible]1. Une Boite de Coquilles, qui seront divisées en plusieurs lots.

347-12

ERRATA.

PAGE vj, *ligne* 15, mais de trouver, *lisez* mais encore de trouver.

Page viij, *ligne* 13, l'*Esplandium*, lisez, le *Splandium*.

COLLECTION DE COQUILLES.

Page premiere. Il faut ajouter à la Note; excepté trois de Malthe.

Page 11. N°. 50. un autre de brun & blanc, *lis.* un autre brun & blanc.

Page 19. N°. 99. un petit *Fuseau carré*, *lis.* un petit *Fuseau* rare.

Page 26. *l. premiere*, avec ses perfections, *lis* avec ces perfections.

Page 26. N°. 136. toutes sont de la même grosseur, *lis.* toutes deux sont, &c.

Page 27. N°. 137. & 138. *lis.* N°. 137.

Page 29. N°. 150. d'un bleu blanc, *lis.* d'un beau blanc.

Page 32. N°. 161. à points allongés, *lis.* à pointe, ou queüe allongée.

Page 42. N°. 214. & plusieurs d'une autre espece, *lis.* & sept d'une autre espece.

Page 50. N°. 261. un couleur de terre, *lis.* un couleur de rôse.

Page 51. N°. 269. aussi pendantes, *lis.* aussi en pendans.

Page 56. N°. 296. un *Peigne roux*, couleur de cerise, *lis.* un *Peigne*, sa tête est couleur de rose, le surplus couleur de cerise.

Page 63. *ligne* 2. l'autre a sa contre-partie, *lis.* l'autre est sa contre-partie.

Page 69. N°. 368. & à trois especes, *lis.* & de trois especes.

Page 70. N°. 372. celle qu'on nomme le *Chapeau*, *lis.* celle qu'on nomme le *Crapaud*.

Page 75. *ligne premiere*, d'un bel Orange, *lis.* d'un bel Oranger.

Ibid. *lig.* 4. *ajoutez*, & une espece d'*Allée*.

Page 89. N°. 496. une autre de l'espece unique, *lis.* une autre espece d'unique.

Page 96, N°. 531. dont entr'autres, *il faut retracher* dont.
Page 96 N°. 534. une Nautille épaisse, *lis.* un Nautile épais.
Page 98. N°. 545. La Coquille nommée la *Premiere* : Deux *Buccins* rares, (Pl. 12. L. D. M. d'Arg.) *lis.* Un *Buccin*, de même que le premier du N°. précédent, & deux autres *Buccins*, rares, (M. Darg. Pl. 12. L. D.)
Page 99. N°. 551. très bien conservée, même jusqu'à la petite pointe, (même Planche, L. C.) *lis.* & sans excroissance : la *Mitre*, d'un gros volume, vive en couleur, très bien conservée, même jusqu'à la petite pointe, (même Planche, L. C.)
Page 108. N°. 600. Une très grande de Papoue, *lis.* des Papous.
Page 117. N°. 665. ce qui n'est point aisé à trouver, *lis.* parce qu'elles ne sont pas aisées à trouver réunies.

www.ingramcontent.com/pod-product-compliance
Ingram Content Group UK Ltd.
Pitfield, Milton Keynes, MK11 3LW, UK
UKHW021108220726
13924UKWH00004B/1584

9 782019 301477